AL-MUNQID

AL-MUNQID

Tilmaameeyaha Tubta Toosan

المنقذ من الضلال والمفصح بالأحوال

IMAAM AL-QASAALI

Tarjumid
MAXAMMED GAANNI

GARANUUG

Xuquuqda Turjumaadda © Maxamed Gaanni 2023
Xuquuqda oo dhan way dhowran tahay.
Dhigaalka, naqshadaynta, iyo qaabeynta jaldiga:
Muxammad Yuusuf.

Translation Copyright © Mohamed Gaanni 2023
All rights reserved.

Typesetting and cover design by Mohammed Yusuf.

cover image by fancycrave1 from Pixabay.

www.garanuug.com
garanuugbuugaag@gmail.com

ISBN: 978-1-8384008-8-0

SOOGAABISYO

SWT	*Subxaanahuu wa tacaalaa.*
SCW	*Sallallaahu calayhi wasallam.*
CS	*Calayhis salaam/ Calayhas salaam.*
RC	*Radiyallaahu canhu/*
	Radiyallaahu canhaa/
	Radiyallaahu canhum

TUSMO

Hordhaca turjumaha	xi
[Hordhac]	1
Marinnada Safsadada Iyo Inkiridda Ogaalka (Shakiga)	7
Jaadadka Xaqiiqo-Doonka	15
Cilmi Kalaamka Ujeedkiisa & Mirihiisa	17
Falsafadda	21
Noocyada Faylasuufyada	25
Laamaha Aqoontooda	29
Faallaynta Mad-Habta Tacliinta Iyo Halisteeda	45
Dariiqooyinka Suufiyada	59
Xaqiiqada Nebinnimada Iyo Sida Uumiyaha Oo Dhan Ay Ugu Baahan Yihiin	71
Sababta Aan Ugu Soo Noqday Faafintii Cilmiga	79

HORDHACA TURJUMAHA

Sooyaal Kooban

Al-imaam, xujah al-Islaam, zaynuddiin Abuu Xaamid, Muxammad bin Muxammad bin Muxammad, ad-Duusi (magaaladii uu ku dhashay loo aaneeyay) ad-Daabaraani (loo aaneeyay mid ka mid ah labada degmo ee magaalada Duusa), Shaafici mad-habkiisu yahay, al-Qazaali.

Waxa uu ku dhashay magaalada Duusa, sannadkii 450H, asaga oo yar ayaa uu aabbihii dhintay, waxa uuna asaga iyo walaalkii Axmed masuul uga dhigay kalana dardaarmay nin saaxiibkii ah, oo xoogaa hanti ah oo aabbahood uga dhintay ku koriyay, waxna ku bari jiray. Markii ay kistii yarayd dhammaatay ayaa uu u sheegay in uu faqiir yahay, waxna uusan hayn, waxa uuna kula taliyay in ay ku biiraan dugsi hoyga iyo raashinka arday-gaba debbira oo ka dhigan boodhinnada maanta jira, kharashaadkiisana waxaa bixin jiray dad maalqabeen-no ah ama waxaa jiray kuwo ay siyaasiyiintu gacanta ku hayaan oo maamullada madaxdooda ayaa dhisiddooda iyo maalgalintoodaba ku baratami jiray. Halkaa ayay iska qoreen, waxna ku baran jireen.

Taasi waxay Qasaali cagta u saartay tubtii waxbarashada, waxa uuna beegsaday culimadii xilligiisa ugu caansanaa, aqoontoodana la wada qirsanaa. Waxa uu arday u noqday sheekh al-imaam Axmed bin Muxammad al-Raadakaani oo Duusa fadhiyay.

Waxa uu u safray magaalada Jurjaan, waxa uuna wax ka bartay sheekh al-imaam Abilqaasim al-Ismaaciili, asaga ayaana uu ka qabtay kitaabkiisa at-Tacliiqah oo Qasaali uu ku aftaxay buugaagtiisa fiqiga Shaaficiga ku saabsan.

Intaa ka dib ayaa uu Naysaabuura u xeraystay oo uu jilbaha ugu laabay xalqadii imaam abil-Macaali al-Juweyni, Imaam al-Xaramayn, asaga ayaana uu u soo bandhigay buuggii uu ku aftaxay kitaabbadii uu dunida dhaxalsiiyay ee uu curiyay, tub asaga u gooni ahna uu u jeexday (*al-Mankhuul min Tacliiqaat al-Usuul*) oo usuusha fiqiga ku saabsan.

Markii imaam al-Juweyni uu geeriyooday ayaa uu aaday goobtii la oran jiray al-Mucaskar (banka Naysaabuur ee waasaca ah oo ahayd taliskii ciidammada dawladdii Saljuuqiyiinta ee uu wasiirka koowaad u ahaa Nidaam al-Mulki, madal ay culimadu ku soo hirtaan oo aqooneed ayaana ay ahayd), oo uu maqlay in wasiir Nidaam al-Mulki uu halkaa joogo. Golihiisii ayaa uu yimid, soo dhoweyn ayaana uu ka helay. Waxa uu xeeldheeridiisa aqooneed ku muujiyay doodihii aqooneed ee uu aqoonyahanka la gali jiray, jeer magaciisa la isla sheegay, afarta jihana uu gaaray. Markaa ayaa loo diray Baqdaad si uu baresare uga noqdo madarasada Nidaamiyada, sannadkii 484H.

Intii uu Baqdaad joogay ayaa uu wax qoridda u kansha helay, buugaag badan ayaana uu soo saaray, aad buu caan u noqday, cid walbana farta ayay ku soo fiiqi jirtay.

Sidii loo joogay, meel walbana looga soo xeraynayay, ardaduna ay ku taami jireen hor fadhiisigiisa ayaa uu hal mara iska casilay barannimadii, waxa uuna afka saaray halkaa iyo guriga Eebbe, sannadkii 488-dii.

Markii uu halkaa ka tagayay, waxaa loo haystay in la cawriyay, il aad u kululna lala helay, asagana waxa ay u ahayd go'aan u dhexeeya nolol iyo geeri ama guul iyo khasaare ama janno iyo naar.

Sannadkii 489 ayaa uu gaaray Dimishiq, waxa uuna ku negaaday ilaa toban sannadood oo uu naftiisa laylinayay, jihaad nafeed iyo khalwana uu galay. Muddadii uu halkaa joogay ayaa uu qoray kitaabkiisa *Ixyaa' Culuum ad-Diin*.

Intaa ka dib waxa uu ku noqday magaaladiisii Duusa, deetana waxaa u yeeray Fakhrul Malik oo Naysaabuur joogay, waxa uuna baresare uga dhigay dugsiga Nidaamiyada ee magalaadaa ku yaallay.

Muddo ka dib ayaa uu dugsigaa isaga tagay, waxa uuna ku laabtay gurigiisii, waqtigiisana waxa uu u kala qaybiyay xilli uu Qur'aanka akhriyo, waxbarid iyo faa'iidayn, waano iyo hanuunin, xadiiska barashadiisana xoogga ayaa uu saaray. Marka laga tago in Bukhaariga, Muslinka iyo Tirmidiga uu culimo ka dhegaystay, haddana Bukhaariga si gaar ah ayaa uu u akhrisan jiray waayihii dambe ee noloshiisa. Waxaa la isla qirsan yahay in imaam al-Qasaali uusan aad ugu xeeldheeraan xadiiska, markii uu u soo jeestayna wedka ayaa kala degdegay, ceeb iyo foolxumana cilmigiisa kuma ay aha.

Cidina dunida kuma raagaysee, sannadkii 505H ayaa uu xaqu u yimid asaga oo 55 jir ah."[1]

Qasaali haddii uu dhintay, dhaxalkiisa ayaa weli dhaqan, dhexdeennana ku nool. Waxa uu ka tagay kitaabbo badan oo lagu sheego in uu asagu qoray. "Dr. Cabdiraxmaan al-Badawina waxa uu helay 457 magac oo ku summadan dhaxalkii Qasaali, waxa uuna ka dhigay sidaan soo socota:

1. 72 kitaab oo la hubo in uu Qasaali qoray.
2. 23 kitaab oo laga shakisan yahay in uu qoray.
3. Kutub loo nisbeeyay laakiin ay u badan yahay in uusan qorin oo 32 ah, badankeeduna sixir iyo cilmiyada qarsoon ku saabsan.
4. Qaybo kitaabbadiisa inta laga soo soocay loo faafiyay sidii oo ay yihiin kitaabbo uu qoray, waana 96 buug.
5. Kutub la hubo in lagu been abuurtay oo dhan 48 kitaab.
6. Kutub magac mooyee aan muuqoodaba lahaynin oo 106 kitaab ah.
7. Kutub farguri ku qoran oo Qasaali loo aaneeyo, waana 97 kitaab."[2]

---

[1] Daar al-Minhaaj iyo xigashooyin kale.
[2] Dr. Khaalid Musdafa Darduusi, *Diraasah fii al-Mashruuc al-Nahdawi Cindal Imaam al-Qasaali*, b.427.

Cid walba oo si wacan u akhrisa buugaagtiisa, dhugna u yeelata, waxa ay isla qireen cilmi badnidiisa iyo in uu ahaa aqoonyahan wax badan oo aanay cidi uga horrayn la yimid, fadli iyo karti aqooneed iyo mid maskaxeedna waa loo qiray. "Waxaa la yiri: kitaabbada Qasaali ayaa la tiriyay, cimrigiisa ayaa lagu dhereriyay, maalin walbana waxaa ku soo aaddantay afar *kurraaso*—waa fadli Ilaahay uu siiyo ciddii uu doono."[3]

Kurraasadu waa warqado isku jira oo isku cufan, middiiba ay qiyaastii toban warqadood u dhiganto, sidaana waxa uu ku noqonayaa in maalin walba uu afartan warqadood qori jiray, shakina kuma jiro in waqtiga loo barakeeyay oo uu daqiiqadihiisa ka faa'iidaystay.[4]

Munqidka

"Waxaan aqoonta barashadeeda ula jeednay Ilaahay qayrkii, aqoonta ayaase diidday dartii mooyaane in ay wax kale noqoto." Waa erey kooban oo uu imaam al-Qasaali uu ku cabbiray shaqsiyaddiisi, sooyaalkiisi aqooneed iyo yoolkii uu lahaa bilowga iyo isbeddelladii ku dhacay. Iskama uusan oran, ujeeddo la'aanna ma ahayn. Dadka dunida kaga tagay saamayn wax-ku-ool ah, waaya-aragnimadooda hadallo miisaan culus ayaa ay marar badan ku sheegaan, dantooda koowaadna ma aha in ay isfaaniyaan ama ruux walba ka doonaan in uu asaga oo kale noqdo. Waxay aalaaba xoogga saaraan in si aad u miisaaman ay u sheegaan dedaalkoodi, wadiiqa-

---
3   Daar al-Minhaaj.
4   Daar al-Minhaaj.

dii ay mareen iyo natiijadii ka dhalatay, si akhristahoodu uu manhaj anfaca uga la soo baxo, tubtiisa xaqiiqa raadinta ee ah yoolka ugu mudanna uu ugu kaalmaysto.

Imaam al-Qasaali marka uu weedhaa lahaa, keligeed inoogama tagin, in la garbatabsado oo uu madhab noqdana waa arrin uu si toos ah iyo si dadbanba isaga fogeeyay, cid walba oo hadalkiisa akhrisana ugama uusan tagin jid ay daliil asaga ka dhigtaan, halbeeg xaqa iyo baadilka lagu kala saaro in ay shakhsiyaddiisu noqotana si cilmiyaysan ayaa uu isaga fogeeyay. Bilow iyo dhammaad, dhaxal wanaagsan ayaa uu ka tagay, in dhaxalkiisaa la qiimeeyo, miisaan xaq ah la saaro, si la mid ah sida culimada kale ayaana uu aqbalsanaa, manhaj dhammaystiran oo isku xiran ayaana uu ka tagay. Qofka doonaya in uu Qasaali darso, falsafaddiisi, suufinnimadiisi, fiqigiisi, kalaaminnimadiisi, usuulinnimadiisi, aqoontiisa tarbiyadda iyo hagaajinta nafta, iyo wax walba oo asaga ku saabsan, kama uu maarmo in uu bilowga hore helo furaha manhajkiisi, qiimayntiisana uu ka bilaabo halkaa.

Sida uu asaguba qabo, imaam al-Qasaali waxa uu isu xilsaaray in uu nooleeyo diinta Islaamka, difaaca xaqa iyo xaqiiqada, in uu u istaagana waxa ay u ahayd faral uusan cid kale ku hallayn, laakiin inta aanay arrintaasi ku dhalan ayaa uu soo maray nolol aqoon raadineed oo intaanay heerkeedii u horreeyay dhaafin yoolkeedu ku xaddidmay quud raadin. Sida aynu soo sheegnay, markii aabbihii dhintay, xoolihii uu uga tagayna ay ka dhammaadeen ayaa ay maaraynta noloshoodu ku kalliftay in ay ku biiraan dugsi hoy iyo quudba ay ku lahaayeen. Haddii ay waxbarashadu u furfurantay, waxa uu Qasaali la yimid dedaal dheeri ah, cilmigii ayaana uu u macaansaday oo waxa uu noqday arday dulqaad badan, kasbashada aqoontana safarro u gala. Sida aad ka dareemi kartid nafsadda Qasaali iyo hanka ku jiray ee uu ardayda kula dardaarmayo mar walba oo uu cilmiga iyo hawlihiisa ka warramayo, waxa aad garwaaqsanaysaa in uu ahaa naf lagu habay in wax walba oo ay u gacanqaaddo ay ka gaarto figta ugu sarraysa, sababtaa darteedna ay sabir iyo dulqaad kaga jiba keeni jirtay.

Nafta caynaddaa lihi kuma ay qanacdo in ay meel iska taagnaato, heer ay mar gaadhay in ay dul yuurursatana uma cuntanto, Qasaalina sidaa ayaa dhaqan iyo caado u ahayd. Haddii uu shalay quud doonayay, waxbarashadii markii uu galay ayaa uu garowsaday in raashin la cuno, dhar la xirto iyo maal la tabcado aanay noloshu ahayn, ogaalkuna uu hal waajib leeyahay, kaas oo ah xaqiiqada raadinteeda iyo u hoggaansankeeda. Bilowga horaba sida uu inoo sheegay, waxaa ku abuurnayd in uu wax walba isweydiiyo, shakina uu ka keeno, si uu xaqiiqada u doonana waxa keli ah ee u furnayd waxay ahayd in uu wax barto, aqoontiisana uu ku raadiyo masiirkiisa iyo jiritaankiisu waxa ay u taagan yihiin.

Aad ayaa uu wax u bartay, martabo shaqo oo ay aqoonyahanku gaaraan waayadaas waxaa ugu miisaan cuslaa in uu bare ka noqdo mid ka mid ah dugsiyadii waayadaa ugu sarreeyay goobaha wax lagu barto. Sida aan soo xusnay, Intii sheekhiisi Imaam al-Xaramayn uu noolaa, ma uusan ku fariisan kursigaa, waxaana wax walba kala qummanayd in uu dhaxal kala haro, inta uu dunida joogana uu ka faa'iidaysto. Intii uu halkaa joogay ayaa uu Qasaali ku caanbaxay "Xerowga Imaam al-Xaramayn", casharrada uu sheekhu bixiyo ardayga ku soo celiya ee caawiyaha sheekha ah ayaana uu noqday. Waxa uu xilligaa aad ugu takhasusay: fiqiga, cilmiga khilaafka iyo doodda, usuulul diinka, usuulul fiqiga, axkaamta mandiqa iyo falsafadda, xikmadda iyo madaahibteeda kala duwanna geed baa uu ku xirtay. Sheekhiisa oo ku faanaya ayaa oran jiray 'Qasaali waa bad lagu maashoonayo.' Sannadkii 478H ayaa uu Imaam al-Xaramayn dunida ka tagay, Qasaalina waxa uu afka saaray Mucaskarka oo ahayd akaadeemiyaddii ciidanka iyo salaadiinta dawladdii Saljuuqiyiinta, Nidaam al-Mulki oo uu halkaa ugu tagay ayaana u diray Baqdaad oo ahayd magaalo kulmisay jaamacaddii, maktabaddii iyo barkulankii culimada ee ugu weynayd dunida Muslimiinta, halkaa ayaana uu bare ka noqday dugsigii Nidaamiyada, waxa uuna sidaa ku qabtay jagadii ugu sarraysay ee ay aqoonyahanku qabtaan. Qasaali intii uu halkaa wax ku barayay ardayda iyo intii sheekhiisu uu noolaa, kutub ayaa uu qoray, laamo aqooneed oo kala duwan ayaana uu wax ka qoray, takhasuskiisa aan hal meel ku koobnayn iyo aftahamadiisana waa loo wada qiray, bari iyo galbeedna arday iyo aqoonyahannaba waa ay uga soo xereeyeen.

Qasaali halkaa kuma uusan qancin, yoolkii uu raadinayayna wixii uu ku doonayay kama uusan helin. Waxa uu mar walbana ku mammanaa xaqiiqada haleeliddeeda iyo u hoggaansankeeda, waana midda ku kalliftay in uu galo hayaan dheer, sidaana waxa uu isagaga gudbay bahgooyooyin ay dad badani asqo ugu dhinteen, geeddiguna uu kaga lumay. Waxa caymiyay, kana badbaadiyay ku diiqoodka baadida iyo shubuhaadka, waa dhiifoonaan nafsadeed oo uu ku kabay manhaj aqooneed oo isku xiran, madax iyo majana leh. Halka lagu jabay, Qasaalina uu ku baraarugay, jiilasha ka dambeeyana uusan u qarin, waa middaa. Haddii aynu eegno asaga hortii iyo dabadii, waxa ay aqoontu ku miradhasho, natiijooyin la isku hubi karo ama ugu yaraan xaqiiqada u soo dhowna lagu heli karo waa in ay yeelato manhaj oo uu asagu u yaqaannay halbeeg (*Micyaar* ama *Miisaan*).

Waxaa jira dad badan oo la irkigsan dhaxalka aqooneed ee uu Qasaali ka tagay, weedh ama labo ka mid ahna si qaldan oo gurracan u fasirta, qaynuun nololeed oo aan kii imaamka ahaynna ka dhigta ayaga oo asaga ku gefaya, weedhihiisina luqun-jibbaaraya. Waxaa ereyadaa ka mid ah 'shakigu waa bilowga heerarka yaqiinta' iyo qaar kale, kuwaa oo ina ka mudan in aan isdultaagno oo aan fahamno ujeeddooyinkiisa. Halkaan kuma xusayno halbeegyadii uu Qasaali adeegsaday iyo wixii uu soo maray oo dhan, haddii la isku hawli lahaana asaga ayaa inooga filnaaday, waxaanse u iftiiminaynaa si aan oraahyadiisa loo soo bar jaran oo aan lagu bargo'in. Waxaan carrabka ku adkaynayaa in aan Qasaali lagu dayan qof ahaantiisa balse la miisaamo manhajkiisa, waana midda dhaxalkiisa u yeelaysa dhadhanka uu leeyahay ee qarni walba oo ka dambeeyay ka dhigtay wax la darso, la naqdiyo, la difaaco, la ammaano, aqoon kala duwanna iftiin looga dhigtay. Sida aad ka dheehan karto dardaarannadiisa uu ku dhigay buugaag kala duwan oo uu ugu dhow yahay Munqidka oo haatan gacanteenna ku jira, waa uu ka digay garbatabsiga iyo in qof aan Nebi Muxammad (N.N.K.H) ahayn lagu daydo, xaqana uu halbeeg u noqdo. Waxa uu meel adag ka istaagay taqliidka, waxa uuna yiri: "xalaalnimada taqliidka waxaa u shardi ah in uusan ruuxu ogayn in uu muqallid yahay, haddii uu qofku ogaadana quraaraddii taqliidku waa ay ka jabtay". Wuxuu buuggiisa *Micyaar al-Cilmi* uu ku ebyay kalmaddaan: Ilaahay tawfiiqda ayaa uu ku aaddiyaa qofkii labada kitaab daalacda asaga oo ku eegaya indhaha caqliga ee aan ku eegayn kuwa taqliidka". Halgankii uu imaamku maray, waxaa ugu mudnaa in uusan ku qancin wax walba oo aan ka cukanaysiin oonkii xaqiiqada ee uu la ildarnaa, gaajadii iyo daalkii uu hayaankaa dheer ka qaadayna uusan kaga bogsan.

Bilowgii hore waa tii uu ka soo istaagay yoolkii quudraadinta, cilmiga iyo aqoontana uu ku mammanaaday, waxaase mashquuliyay waxa cilmigu uu tarayo, doqonnimadii nafta iyo diricnimadeediina waa uu dhadhamiyay, shakiguna waxa uu ahaa furaha koowaad ee mar walba ku kicinayay dacarta, rafaadkiisa iyo natiijadiisana mar walba isbarbardhigayay. Intii uusan Qasaali cidna u sheegin ereyadiisa "shakigu waa darajada koowaad ee yaqiinta" iyo "qof aan shakin ma fakaro" ayaa uu fahmay waxa shakigu uu yahay, erey iyo ficilna waa uu ku qeexay sida uu ula dhaqmayo, manhaj sugan oo uu ku badbaado ayaana uu samaystay. Shakigu waa labalayn, kari-waaga kala doorashada labo shay, halka Manaadiqada iyo usuuliyiintu ay u adeegsadaan in xukunka shayga ay labo daraf ku sinnaadaan ama sida ay fuqahadu qabaan waa in uusan qofku hubin xukunka uu shayga siinayo. Qasaali kama uusan dhigan erey meelaha looga hadaaqo, maanfurnaan iyo caqli badnina tusinaya e, waxa koowaad ee uu ahmiyadda siinayay, yaqiinta heerkeeda koowaadna uu ugu aqoonsaday waxa ay ahayd in qofka xaqdoonka ah uu qanaacadiisii iyo wixii uu hore u qabay uu ka saxnidooda wax iska weydiiyo, oo waxa uu darsayana uu baaro asaga oo aamminsan in waxaasi ay xaq noqon karaan ama baadil. Tani waxa ay ahayd furaha koowaad ee uu u helay sidii uu yaqiin ku heli lahaa, xaqiiqo aan caad ka saarnaynna uu ugu degi lahaa, kulaylka ogaalku uu ku hayana uu kaga dami lahaa, waana xorriyadda fikir ee maantay lagu wardiyo, lagana dhigtay erey lagu shaaho, dadkana lagu afjigo. Xorriyadda fikirka ee aynu sheegayno waa in qofku uu ka xoroobo wax walba oo uu cid kale ka dhaxlay, qaab manhaj leh oo tub qumman ahna uu ku baaro masalada uu markaa gacanta ku hayo. Shakiga uu sheegayay waa midkaa, taqliidkuna waa midka xaqaas qofka ka xayuubiya.

Si aan middaa lafteeda loogu kadsoomin ayaa uu Qasaali inoo dhigay tub xaqiiqa raadinta loo maro, manhaj isku xiran oo aan kala maarminna waa uu u dejiyay. Si guud marka buugaagtiisa loo qiimeeyo waynu ka arki karnaa, waxaase jira dhawr kitaab oo ay ugu mudan yihiin: *Micyaar al-Cilmi fii Fannil Mandiq* oo ah buug uu u qoray sidii uu qofku garaadkiisa ugu samayn lahaa halbeeg uu masalada ku eego, uuna ku kala garto xisiga, ismoodsiiska iyo caqliga axkaamtooda. Asaga oo arrintaa ka hadlaya ayaa uu yiri: "labo ujeeddo ayaan buuggaan ka leeyahay. Tan koowaad, waa in uu fahamsiiyo tubta fikirka iyo adeegsiga maanka, iftiiminta toobiyaha qiyaaska iyo cibro qaadashada... markii masalooyinka caqliga ay ku bateen simbiriraxashada gummadaha iyo waxyaalaha horseeda baadida, muraayadda caqliguna ay ka baxsan wayday wax wasakheeya oo ah ismoodsiiska iyo dheehgalinta khayaaliga, ayaan kitaabkaan u habaynay si uu halbeeg ugu noqdo fikirka iyo waaya-aragnimada, miisaanna uu ugu noqdo cilmi-baarista fakaridda, nadiifinna uu maskaxda ugu noqdo, awoodda fikirka iyo caqligana uu soofe ugu noqdo... fikir walba oo aan miisaankaan la saarin, halbeeggaanna aan lagu jaangoyn, waxaad ogaataa in uu yahay mid miisaankiisu hallaysan yahay, sharkiisa iyo hooggisana aan laga cayman karin".

Sida weertaa Qasaali ka muuqata, waxaa qofka halaag iyo hallaabid ugu filan in shakigu uu u noqdo wax la iskaga hadaaqo, hadba dhinac loola duulo, sidii balanbaalistiina dabkii meel laga shido loogu dhaco, maanfurnaan iyo garaad adeegsina laga dhigo. Waxa muhiimadda koowaad leh waa in uusan qofku shaki ku beddelan shaki, balse uu yaqiinta raadiyo, waxa uuna qabaa in wax walba ay barashadu fure u tahay, ayaduna ay u baahan tahay halbeeg iyo tub la qaado. Yoolka aqoontu waxa ay agtiisa ka tahay in uu qofku helo liibaan adduun iyo mid aakhiro, dhaqanka iyo aqoontuna in aanay kala harin ayaa uu in badan ku celceliyay.

Waxaa arrintaa caddayn inoogu ah dardaaranka Qasaali laftiisa oo ku yaal buugaag kala duwan oo aan haatan ka xusayno kitaabkiisa *Miisaan al-Camal* oo uu qoray *Micyaar al-Cilmi* markii uu dhammeeyay. Waxa uu dhammaadka *Micyaarka* ku leeyahay:

> "Waxa aan kitaabkaan u qornay waa inaan caddayno dariiqa lagu aqoonsanayo xaqiiqooyinka, loogu gogolxaarayo qaanuunka fikirka, aqoonaynta halbeegga cilmiga si loo kala aqoonsado farqiga u dhexeeya ogaalka, khayaaliga iyo malaha, oo labaduba ay ka ag dhow yihiin.
>
> Mar haddii liibaanta adduun iyo tan aakhiro aan lagu gaarayn wax aan ka ahayn cilmiga iyo ku dhaqankiisa, aqoonta dhabta ah iyo midda dhayalka ah ay isku walaaqmayaan, sidaana halbeeg loogu baahday, ayaa dhaqanka wanaagsan ee aakhiro waxtarayana uu ugu laaqmay midka aan waxtarka u lahayn, waxaana loo baahday miisaan xaqiiqadiisa lagu ogaado.
>
> Haddaba aan allifno buug ka sheekaynaya miisaanka dhaqanka sidii aan u qornay halbeegga aqoonta oo kale."

Barashada lafteedu in ay jaantaa-rogan noqoto waa uu ka digay, in ay heerar kala duwan marto ayaana uu aamminsanaa. Xaqiiqa-doonahana waxa uu kula dardaarmay in uu cilmigiisa hubsado, jaranjaro kala sarraysana uu u maro, asaga oo arrintaa inoo tilmaamaya ayaa uu yiri:

> "Shaqada afaraad waa: qofka ku dhex jira barashada culuumta fikiriga ah haddii uusan qawaaniintiisa u saldhigin, uma ay habboona u dhegraaricinta khilaafyada u dhexeeya firqooyinka iyo shubuhaadka shaki galinta

ee wareerka laga qaado; haddii uu sidaa yeelo, waxay gaabis ku keenaysaa go'aankiisi hanashada asalka cilmiga, waxayna quus kaga ridaysaa xaqiiqada ogaanshaheeda, sababo aan ku sheegnay buugga '*Halbeegga Aqoonta*' dartood.

Marka hore asaaska si wacan ha u barto, aragtida macallinkiisu doortay iyo tubtiisana meel ha saaro, markaa ka dib ha dhexgalo aqoonsashada shubuhooyinka iyo raadqaadiddooda.

Sababtaa darteed ayaa uu Allo uga mamnuucay qofka aanay Islaannimadiisu tabar badnayn inuu gaalada ku dhex milmo, ilaa la yiri: arrintaasi waxay ka mid tahay sababaha hilibka doofaarka loo xaaraameeyay, oo waxa uu ahaa cunnada ugu badan ee ay gaaladu quutaan; waxaa looga gol lahaa in Muslimiinta laga didiyo wax la cunidda gaalada oo sabab u noqon lahayd in ay gaalada isdheehaan.

Sidaa darteed ayaa ay waajib tahay in caammada laga ilaaliyo la fadhiisiga dadka hawaraaca ah, si la mid ah sida qoyska looga dhowro dhexgalka mufsidiinta.

Qofkii diintiisa ku adag, naftiisuna ay ku xasishay xujada diinta iyo daliilkeeda, waxba kuma jabna in uu duulkaa dhexgalo—waxaana sii wacan dhexgalkooda, u dhegraaricinta shubuhaadkooda, iyo isku hawlidda xallinteeda, sidaana mujaahid ayaa uu ku noqonayaa. Qofkii awooda in uu ciidanka gaalada hujuumo waa u sunne, kii aan tabar lahaynse waa loo kahdaa.

Marka aan qaacidadaan ka ambaqaadno, waxaa gef ku dhacay ciddii malaynaysa in qofka tabarta daran iyo kan xoogga leh ay diintu u dirtay shaqo isku mid ah.[5]

Intaa kuma koobnee, Qasaali waxa uu qabaa in qof walba uu ku dedaalo hanashada cilmiga iyo in uusan ku qancin darajo hoose ee uu takhasuskiisa badiyo oo uu noqdo buuni gaammuray. Asaga oo arrintaa ka hadlaya ayaa uu yiri:

> "Shaqada shanaad waa: in uusan ardaygu ka tagin qayb ka mid ah qaybaha aqoonta iyo nooc ka mid ah laamaha cilmiga e, waa in uu dhugto oo uu daalacdo yoolkiisa, ujeedkiisa iyo tubtiisa. Haddii uu cimrigu saacido, sababuhuna ay isugu aadaan ha u hawlgalo in uu baxri ku noqdo, oo aqoonta oo dhami way isu kaalmaysaa, wayna isku xiran tahay, durbana waa uu ka faa'iidayaa oo aqoon uu ka jaahil yahay lama uu collaytamayo—illeen dadku cadaw bay u yihiin waxaysan aqoon."[6]

Sababtaa awgeed cid walba oo shakisa, heerkaa oo kale ayada oo aan gaarinna shakigeeda ku dhaliisha mad-hab ay ka dideen, waxay Qasaali agtiisa ka tahay "cammoole wax tuuryaynaya", sida uu ku xusay *Munqidka*. Mar kale waxa uu *Micyaar al-Cilmi* ku leeyahay: "waa in aad aammintid in farxaddu ay darajooyin u leedahay culimada, qof walbana uu leeyahay maqaam uusan ka gudbi karin iyo heer xaddidan oo uusan ka tallaabi karin, laakiin waxaa wanaagsan in uu qofku u hanqaltaago darajada ugu sarraysa, dhammaan awood-

---

5 Miisaan al-Camal (Halbeegga Hawlaha), Imaam al-Qasaali, bb.346-347.
6 Miisaan al-Camal, Imaam al-Qasaali, b.348.

diisana uu isugu geeyo fulinta hankiisaa".

Si kale haddii aan u qeexno, Qasaali waxa uu qabaa in qofku uusan mad-habna habawsanideeda caddayn karin jeer uu ku takhasuso, dadka ugu cilmi badan ee aqoontaa bartayna uu la darajo noqdo ama uu bara-dheereeyo, arrintaana waxa uu si cad ugu xusay buuggiisaan *al-Munqid*. Waxa uu taa uga golleeyahay waa in qofka xaqiiqa-doonka ah uusan lahayn mad-hab cayiman, waxa keli ah ee uu doonayana ay tahay xaqa. Waxa uu sheegay in mad-habta qofku ay tahay waxa uu aamininay ee uu ku qancay bacdamaa uu baaritaan ku sameeyay, halbeeg qummanna uu adeegsaday. Asaga oo arrintaa inoo qeexaya ayaa uu yiri:

> "Caddaynta macnaha mad-habta iyo sida ay dadku isugu khilaafsan yihiin:
>
> Waxaa laga yaabaa in aad dhahdid: hadalladaada kitaabkaan ku jira, waxay u qaybsan yihiin wax waafaqsan mad-habta suufiyada, mad-habta Ashcariyada iyo mutakallimiin kale, hadalkana waxaa lagu fahmaa hal mad-hab oo qur ah; haddaba, madaahibtaan middee ayaa xaq ah? Haddii dhammaantood ay xaq yihiin, sidee ayaa ay suuragal ku tahay? Haddii qaarkood ay xaq yihiin, xaqaasi muxuu yahay?
>
> Waxaa laguugu warcelinayaa: haddii aad fahantid xaqiiqada mad-habta, weligeed ku anfici mayso, illeen dadku waa laba kooxood e:
>
> Koox waxay leedahay: mad-habtu waa magac darajooyin saddex ah ay wadaagaan:
>
> Mid: waa waxa doodaha iyo ismuujinta marka lagu

jiro loogu hiiliyo si indho la'aan ah.

Mid kale: waa wax loo adeegsado waxbaridda iyo hanuuninta.

Tan saddexaadna: waa waxa uu qofku aammino, aqoonta fikriga ahna uu ku ogaaday.

Markaan arrintaan ku qiimayno, qof walba oo dhammays ah waxa uu leeyahay saddex mad-hab.

Tan koowaad haddaan soo qaadanno, mad-habtiisu waa qaabka uu ka dhaxlay aabbayaasha iyo awoowayaasha, mad-habta macallinka iyo midda ay haystaan dadka deggan degaanka uu ku koray.

Waxay ku kala duwan tahay kala geddisnaanta magaalooyinka iyo gobollada iyo kala duwanaanta macallimiinta.

Qofkii ku dhashay degaanka Muctasilada ama Ashcariyada ama Shaaficiyada ama Xanafiyada, tan iyo yaraantiisi waxaa ku beermayay u hiilinta indhaha la' ee mad-habtiisa, difaaceeda iyo ceebaynta wixii ka duwan.

Waxaa lagu tilmaamaa: waa Ashcari ama Muctasili ama Shaafici ama Xanafi, macnaheeduna waa in uu mad-habtaas u tacasubo, taa oo ka dhigan u hiilinta kooxda oo ayaduna muujinaysa cidda ay ku xiran tahay ee ay u hoggaansan tahay, waxayna la qaab tahay qabyaaladda.

Qabyaalad mad-habeeddaan waxay ka bilaabataa in koox ay doonayso in ay caammada horkacaan si ay madaxtinnimo ugu helaan. Cammaduna ma raacaan wax lagu midoobi karo oo si guud la isugu hiiliyo waxaan ka ahayn, sidaa ayaana madaahibta looga dhigtay wax diimaha kala dhidhiga, dadkana la isugu keeno, deetana dadkii ayaa firqooyin u kala baxay, waxaana samaysmay waxyaabihii xaasidnimada iyo tartanka dhalin jiray, ilaa tacasubkoodi uu darnaaday, isu hiilinta kooxuhuna ay dhidabbaysatay.

Magaalooyinka qaar markii ay hal mad-hab yeesheen, kuwii madaxnimada doonayayna ay waayeen wax dadka isugu dubbarida, ayaa ay falkiyeen arrimo kale, waxayna sawireen waajibnimada isku khilaafiddeeda iyo hiilkeeda indhabeelka ah, sida calan madaw iyo mid guduudan oo kale. Dadka qaar waxay dhaheen: kan madaw ayaa xaq ah; kuwa kalana waxay dhaheen: kan guduudan baa xaq ah.

Sidaa waxaa isugu dubbadhacay ujeedkii ay lahaayeen madaxyaweyntu ee ahaa in ay caammada isku dubbaritaan ayaga oo u maraya xoogaagaa khilaafka ah, caammaduna waxay moodaan in arrimahaasi ay muhiimad leeyihiin, madaxdii waxaa samaysayna waa ay og yihiin ujeeddadii ay ka lahaayeen.

Mad-habta labaad: waa wax loo adeegsan karo hanuuninta iyo waxbaridda qofkii faa'iido-doon ah, hanuunna raadinaya. Tani hal qaab kuma timaaddo, waxayna ku kala duwanaataa hadba sida uu yahay qofka hanuunka doonaya, oo qof walba oo hanuun raadis ah waxaa lagula hadlayaa wixii uu fahmi karo.

Hadii uu yimaaddo hanuun-doone Turki ah ama Hindi ah ama mid damiin ah oo dabeecad kakan, la og yahayna in uu jiritaanka Alle inkirayo oo uu beeninayo haddii lagu yiraahdo: Alle daatadiisu (الذات) meel ma joogto, caalamka gudihiisa kuma uu jiro, bannaankiisana ma uu joogo, lama uu xiriirsana, kamana uu soocna, waxaa qumman in lagu yiraahdo: Alle carshiga ayaa uu joogaa, cibaadada addoommadiisa waa uu ku raalli noqdaa, waa uu ku farxaa, waa uu ka abaalmarinayaa, jannada ayaana uu geynayaa beddel iyo abaalgudna uu uga dhigayaa.

Haddii uu yahay qof xammili kara in sida xaqu yahay loo sheego, waa loo caddaynayaa, markaana waxay mad-habtu noqonaysaa mid isbeddesha oo kala duwan, qof walbana waxay u noqonaysaa hadba sida uu fahamkiisu yahay.

Mad-habta saddexaad waa: waxa uu qofku si hoose u rumaysan yahay oo asaga iyo Alle oo qur ah ay isla og yihiin, cid kalana aanay daalacan karin, umana uu sheego cid waxa uu daalacday oo kale aragtay mooyaan e ama gaartay martabo ay waxaa oo kale ku aqbali karto oo ay ku fahmi karto, oo waa sida in hanuun-doonuhu uu yahay mid caqli badan, naftiisana aanay hore u degin caqiido uu dhaxlay iyo tacasubkeed toonna, qalbigiisana aan ku noqon rinji aan laga tirtiri karin, oo waxaa tusaale u ah gal lagu qoray wixii uu dhumbaday, in la jeexo ama gubo mooyaan e aan si kalana looga tirtiri karin.

Kani waa nin qaab xun, in uu hagaagana ka quustay, kumana uu qancayo haddii loo sheego wax kasta oo ka duwan wixii uu hore u maqlay, waxa uuna ku dedaalayaa in uusan ku qancin, tab uu isaga durkiyana waa uu samaysanayaa. Haddii uu si fiican ugu dhegraariciyo, himmaddiisana uu fahmiddeeda u jeediyo, waxa uu ka shakin lahaa fahankiisa; haddaba sidee xaalkiisu noqonayaa mar haddii ujeedkiisu yahay in uu waxaa iska fogeeyo oo uusan fahmin? Qofkaan oo kale waa in laga aammuso, waxa uu haystana loo daayo, mana aha indhoolihii ugu horreeyay ee baadinnimadiisa ku halaagsamay.

Tani waa tub ay qaadeen koox ka mid ah dadka.

Kooxda labaad oo ah kuwa ugu badan, waxay leeyihiin: mad-habtu waa hal mid oo waa waxa uu qofku rumaysan yahay, waxbaridda iyo hanuunintana uu si isku mid ah u adeegsado—si walba oo ay dadku u kala duwan yihiin.

Waa midka si indho la'aan ah loogu hiiliyo oo waa: mad-habta Ashcariyada ama Muctasilada ama Kurramiyada ama mad-hab walba oo madaahibta ka tirsan.

Kuwaan iyo kuwaa hore waxay isku waafaqsan yihiin jawaabta ay bixinayaan haddii la weydiiyo in mad-habtu tahay mid ama saddex?

Uma bannaana in ay dhahaan: waa saddex, waxaana waajib ku ah in ay dhahaan: waa mid.

Tani waxay macno tiraysaa rafaadka aad u maraysid weydiinta ku saabsan waxa ay mad-habtu tahay—waa haddii aad waxgarad tahay; dadka oo dhammi waxay isku waafaqsan yihiin in ay mad-habta hal mid ku sheegaan.

Haddana waxay isku raacsan yihiin in ay si indho la'aan ah ugu hiiliyaan mad-habta aabbahood ama tan macallinkooda ama midda degaankooda.

Haddii uu midi kuu sheego mad-habtiisa, waa maxay dheefta kuugu jirta ogaanshaheeda, mar haddii ay qayrki ka mad-hab duwan yihiin, midkoodna uusan haysan mucjiso dhiniciisa xoojisa oo gacansarraysiisa?

Isaga fogoow milicsashada madaahibta, xaqana waxaad ku raadisaa tubta fakarka si aad mad-hab u yeelatid, hana noqon sidii qof indho la' oo uu hagayo qof jidka tusinaya, ayada oo ay hareerahaaga joogaan kun hoggaamiye oo kaa horgalka kuu ah oo kale ah, dhammaantoodna ay kuugu dhawaaqayaan in kaasi uu ku halaagay, toobiyihii toosnaana uu kaa lumiyay. Waad ogaan doontaa ciribxumada dulmiga uu horgal-kaagu kuu geystay, caymo aan madaxbannaanidaada ahaynna ma lihid.

Wixii aad ujeeddid qaado, wixii aad maqashidna faraha ka qaad
Soobixidda qorraxda ayaa kaaga filan xiddiga Zuxalka.

Haddii hadalladaan halka ay ku wajahan yihiin aadan ka dheefin wax aan ka ahayn shaki aad ka qaaddid caqiidada aad dhaxashay si aad baadigoob u gashid, waxtar kuugu filan; illeen shakigu waa waxa ku gaarsiinaya xaqa."[7]

Shakigaas uu Qasaali sheegay ma aha waswaas, shee-gashana kuma yimaaddo, in cid loo sheegana baahi looma qabo, waxa keli ah ee uu ku yimaaddo waa fakar, barashaana ka horraysa, barashaduna halbeeg bay qaab fikirka u samaysaa, Qasaalina inta weertaa kore iyo mid-

---

[7] Miisaan al-Camal (Halbeegga Hawlaha), Imaam al-Qasaali. bb.405-B407.

daan dambe uusan qorin ayaa uu miisaankaa qeexay, si heer sare ahna u qaadaa-dhigay:

> "Qofkii aan wax shaki galin ee aan shakin ma uusan fakarin, qof aan fakarin wax iskama eegin, qof aan wax iska eeginna waxa uu ku waaraa indho la'aanta iyo baadida—Alle ayaana arrinkaas aan ka magangalnay.
> Nabad iyo Naxariis Sayidkeenni Muxammad ahaa dushiisa ha ahaato, asaga, ehelkiisi iyo asxaabtiisiba."[8]

Wax iska eegiddu haddii ay fikir ku timaaddo, fikirkuna halbeeg leeyahay, shaki walba oo la'aantii yimaadda waa baadil iyo fasaad aan cawaaqib xumadeeda laga baxsan karin.

Hayaankaas aqooneed iyo waaya-aragnimo ee imaam al-Qasaali, waxa uu ku dhan yahay dhaxalkii uu ka tagay, daqiiqadihii noloshiisa in uu ka faa'iidaystay, kana faa'iideeyayna marag cad ayaa ay u tahay. Haddii uu ina kula taliyay barashada cilmiga iyo in baxri lagu noqdo hadba wixii ay tabarta qofku gaadho, waa uu dhaqan galiyay, sooyaalkiisa ayaana ay ku xardhan tahay—illeen cilmigu agtiisa waxa uu ka yahay wax lagu dhaqmo, farxadna lagu helo. Haddii uu inoo dhigay halbeeg aan wax ku kala soocno, shaxda madaahibta lagu naqdiyana uu inoo ku sheegay ka gungaariddeeda, waa uu sameeyay, gorfayntiisa iyo faaqidaaddiisa ayaanna ka daalacan karnaa. Haddii yoolkiisu uu bilowgii ahaa quud, mar dambana magac iyo waji, waxa uu aakhirkii

---

[8] Miisaan al-Camal (Halbeegga Hawlaha), Imaam al-Qasaali, b.407.

noqday helidda xaqiiqada iyo u hoggaansankeeda, si dhab ah ayaana uu arrintaa ugu guulaystay, qanaacana waa uu ku helay. Hor iyo dambeeto waxa uu cilmigu agtiisa ka ahaa fure, furahaasina waxa uu ugu qeexnaa in uu noqdo mid la isku hubo oo shayga uu ogaado aanu dib dambe uga shakin, gef iyo ismoodsiisna aanay meelna ka soo galin.

Hannaankaa irkigga iyo af-kala-qaadka leh, waxa uu nolosha Qasaali ka dhigay mid dheef miiran ah, naftiisa iyo uumiyahana wada deeqda. Si kasta oo ay falaasifo shakiyoolayaal ah tub manhaj leh u qaadeen si ay xaqiiqada u ogaadaan, waxa ay asaga ku kala leexdeen u daymo yeelashada doqonnimada nafta iyo hawo raaciddeeda, taa oo uu Qasaali u arkayay caqabad xaqa dabooli karta, haddii aysan daboolinna raaciddiisa qofka ka hor istaagi karta. Waxa uu awoodda saaray in uu labo dhinacba doqonnimadaa kula dagaallamo. Midi waxa ay ahayd qaanuun uu u dhigay adeegsiga caqliga, uuna u hoggaansamay. Tan labaadi waxa ay ahayd in uu isku hawlay hagaajinteeda iyo tarbiyaynteeda, asaga oo nuurka nebinnimada ifsanaya bacdamaa uu caqligiisa ku garawsaday in uusan garaadku wax walba gaari karin, heerar uusan wax go'aan ah ka sheegi karinna ay jiraan. Halka ay faylasuufyo badan iska diideen qiridda nuurkaa, hawada naftooda iyo doqonnimadeedana ay isu dhiibeen, sidaana ay Alle ku inkireen oo ay ibliis u raaceen, Qasaali waxa uu u hoggaansamay Allihii uumay uumiyaha, sirta ku duugan dhaxalka nebinnimadana waa uu yaqiinsaday, tusaalayaal qummanna waxa uu ka soo qaatay diraasad uu ku sameeyay xaaladaha aadanaha iyo waxyaabo ay faylasuufyadu adeegsadaan ama ay aqbalaan oo uusan caqligu gaari karin.

Nolosha halgankaa soo martay, yaqiintana socdaalkeeda ku soo gabagabaysay ayaa uu *Munqid*ku inoo kulmiyay sooyaalkeedii oo urursan, erey ahaanna aad u kooban balse haddii dhacdooyinka muuqooda laga gudbo, guntoodana la eego ay noqonayaan manhajkiisi xaqiiqo-raadinta iyo sida uu u ahaa addoon ku sabra aqoonta, si dhab ahna naftiisa dawo ugu doonay, caqligiisana nasniino iyo farxad ugu raadiyay, hammiga uu lahaana ay ahayd sidii uu u gudan lahaa waajibaadka saaran iyo ujeedka uu adduunyada u yimid. Imaamku waxa uu inoo sharraxayaa heerarkii uu maray asaga oo ka bilaabaya yaraantiisi, inoo kuna afmeeraya maalintaa uu joogay, marxalad walba markii uu galayayna wixii uu sameeyay iyo waxa ku dhaliyay ayaa uu inoo sharraxayaa. Waxa uu inoo tilmaamayaa sida uusan ambad u ahayn, badahaa uu quusayna uusan ugu haftoon, mar walbana xaqiiqo raadinta, daacadnimada, hufnaanta iyo la dagaallanka taqliidkana uu ka dhiganayay iftiin ku haga manhajkii uu dhigtay, hayaankiisana uu hanashadiisa ku soo aftaxay. Natiijadii uu gaaray, ina kalama uusan masuugin, ayada oo duuduubanna ina kuma uusan canqarin, in aan sidii dameeri dhaan raacday u dabagalnana inooma uusan oggolaan. Halbeeggu waa manhajka, sidii uu ugu adkaystay, naftiisana uu ugu dabray qaanuunka aqoonta, guulna uu ugu helay wax ka badani kuma ay xusna buuggaan.

Imaam Qasaali waxa uu isu maray afar kooxood, waxa uuna buuggiisaan kaga warramay saddex waxyaabood oo muhiim ah, marxaladaha noloshiisu ay martayna si cad u qeexaya:

Xaqiiqo raadintiisu sida ay ku bilaabatay iyo halka ay gaarsiisay, sida ay yoolkiisa u jihaysay, ujeeddo uu mar walba maanka ku hayana ay ugu yeeshay, manhaj qumman in uu yeeshana ay ugu kalliftay.

Marxaladihii ay xaqiiqo raadintaasi maraysay waxaa ugu mudnaa diraasayntii uu ku sameeyay madaahibtii fikir ee berigaa jirtay, fiqiga iyo waxa la xiriirana kagama uusan warramin buuggiisaan. Madaahibtaasi waxa ay kala ahaayeen: (b) Mutakallimiin oo kooxo badan isugu jiray sida: Muctasilo, Ashcariyo, Kurraamiyo iyo kooxo kale, si guud oo aan koox koox ahayn ayaana uu ugaga warramay. (t) Faylasuufyada oo isugu jiray laamo badan oo qaarkood ay maantay saynis yihiin, qaarna laamo cilmiyeed kale, si guud ayaana uu buugga ugu tilmaamay, sidii uu u arkayay ayaana uu u kala dhigdhigay, wixii uu naqdiyay iyo wixii uusan naqdintooda gar u aragba waa uu xusay. (j) Baadiniyada ama Shiicada oo uu halkaanna si kooban ugu naqdiyay. (kh) Suufiyada oo markii uu warkooda inoo sheegay uu inoo sharraxay xaqiiqada nebinnimada, taa oo ka dhigan in uu yaqiinsaday jiritaanka marxalad ka sarraysa caqliga, ahna nuurka Eebbe oo ah nebinnimada, taa oo xaqa iyo xaqiiqada lagu ogaado, laakiin doqonnimada nafta iyo hawadeedu ay ka hor istaagaan raaciddeeda. Yaqiintaa kolka ay bilaa saxar u noqotay ee ay si wacan ugu caddaatay ayaa uu naftiisa dib ugu noqday, qalfoof aan ruux lahayn in cilmigiisu yahay ayaa u soo baxday, sidaana waxa uu ku raadiyay suufiyada oo sheegta in ay yihiin tarbiyeeyayaasha nafta. Aragtidooda iyo usuushooda ayaa uu bartay, deetana dhaqan ayaa uu u beddelay, ilaa uu naftiisi layliyay, ilaalinteedina uu manhaj u dejistay.

Marxaladda saddexaad waa hagaajinta naftiisa oo uu waqti badan galiyay, toban sano wax ka badanna uu u banbaxay, cilmigii uu faafin jiray ee uu iska daayayna uu dib ugu soo noqday asaga oo aan ahayn Qasaaligii isla weynaa ee aftahamadiisa iyo aqoontiisuba ay u adeegi jireen maquuninta ciddii ka aragti duwan. Waxa ay marxaladdaani iftiiminaysaa Qasaali oo ka gudbay heerkii uu naftiisa keli ah ku mintidi lahaa, una tallaabay hagaajinta bulshada iyo jihaynteeda. Waxa uu marxaladdaa dambe inoo ku sheegayaa sababta uu uga tagay heerkii uu gaaray, bare sare meeshii uu ka ahaana uu ka doortay qof aan la aqoon in uu noqdo.

Marxaladdaan waxa uu ina ku tusinayaa qiimayn uu bulshada ku sameeyay bacdamaa xarragadii, magicii, maalkii iyo muuqashaduba ay agtiisa ka noqdeen wax aan macna lahayn, cudurrada dadka ku dhacay sida uu u darsay iyo daweynta arrimahaa sida uu uga fakaray. In uu xilkaa guto waa ta ku soo celisay faafintii cilmiga, tarbiyaynta dadka iyo jihaynta bulshada iyo hoggaamiyayaasha talada haya. Sidaa ayaa uu Qasaaligii ardo badnida ku xisaabtami jiray uu ku noqday Qasaali ku xisaabtama: maxaad ku darsan kartaa hagaajinta bulshada iyo horukaceeda.

Si aan u fahanno Qasaali iyo natiijooyinka uu gaaray, waxaa lamahuraan ah in aan maanka ku hayno qaabka uu masalooyinka u faaqido. Waxa uu u kala dhigdhigaa bool bool, qaybaha yaryar ee ay masaladu u qaybsantana mid walba goonideeda ayaa uu u sharraxaa, qalad iyo sax wixii ku jira ayaa uu si wacan u qeexaa, dhan walba ayaa uu ka istaagaa, awooddiisa maskaxeed oo dhan ayaana uu isugu geeyaa, markaa ka dib ayaana uu go'aan ku ridaa. Buuggaan waxa uu ku qoray natiijooyinkii uu gaaray nuxurkoodi, ujeedkiisuna ma ahayn in sida ay wax ugu muuqdeen wax loola arko e, waxa uu uga golleeyahay in lala eego, manhajkiisa lagu miisaamo, waana sababta ay caadadiisa uga mid tahay in masaladii uu si kooban uga hadlo uu kuu diro meel kale oo uu ku qaadaa-dhigay. Waxa uu kuu sheegayaa in aadan halkaan yuurursan e, aad masalada u raadsatid halkii ay jirtay, natiijadii mad-habta kuu noqon lahaydna aad adigu raadisid, aragtidiisana aad xisaabta ku darsatid.

Qodob qodob uma dul istaagi karno, sharraxaadna ma saarayno e, buugga waxa aad ula noolaataa sidii madaraso aad ku baranaysid: manhaj, tub aqooneed, mid xaqiiqo raadineed, dulqaad, dedaal, himmad, hiraal iyo u hanqaltaagidda figta sare. Waxba ha ka goosan erey uusan sheegsheeggiisu wax kuu kordhinayn e, xaqa ka dhex raadi wax ka badan afarta kooxood ee uu isu maray, dabadiina ay dunidu sidii ciiddii u sii kala firdhisay laamaha aqoonta.

AL-MUNQID XXXVIII

Dabcadaha

Waxaan turjumaadda u cuskannay dhawr daabacadood oo kala duwan oo aan isku saxnay. Turjumaaddu waxay ku salaysan tahay dabcadda Dr. Jamiil Saliiba iyo Dr. Kaamil Cayaad (1967), iyo midda Maxmuud Biijoo (1992). Dabcadda Daarul Minhaaj (2019) waxa aan u adeegsannay caddaynta iyo sixitaanka wixii madmadow galay labadaa dabcadood ee hore, maadaama ay ka dambaysay dedaal dheeraad ahna la galiyay. Waxaan ku dedaalnay in ay turjumaaddu aad ugu dhowaato asalka ee aan macnaha uun laga raacin. Sidaa awgeed, meelaha qaar waxaa lamahuraan noqotay in hadal asalka laga fahmayo, aanse qornayn, oo qaybaha isku xiraya, aan [...] galinnay si loo bayaamiyo macne ku dahsoon asalka. Meelaha qaar sharraxaad ama ereybixin ayaan galinnay (...). Hoosqorrada oo idil waxaa ku daray turjumaha, waxaana lagu caddeeyay [Turjumaha] oo la socota.

Mahadnaq

'Ruuxii abaal idiin gala u abaal guda, haddii aydaan u abaal gudaynna u duceeya.'— Xadiis sharfan.

Eebbe Weyne ka dib, waxaan u mahadnaqayaa Muxammad Yuusuf oo waqti iyo tamar badanba galiyay sixidda turjumaaddaan, hubinta dhammaystirnaanteeda, higgaadda ereyada, iyo toosnaanta weedhaha. Waxaan leeyahay, abaalkaaga Alle ayaa gudi karee, mahadsanid, Weynuhuna labada daaroodba ha kugu maamuuso. Waxaa kale oo aan u mahadnaqayaa ustaad Faarax Cali Yuusuf oo buugga sixiddiisa kaalin mug leh ku darsaday. Sidoo kalana, akhristayaasha dhiirrigalinta nala dabo taagnaa.

Mahadsanidiin.

Maxamed Gaanni

AL-MUNQID XL

[HORDHAC]

Mahad oo idil waxaa iska leh Allaha u mahadnaqiddi-isa lagu bilaabo buugyare kasta iyo maqaal walba. Naxariis iyo nabadgalyo dushiisa ha ahaato Muxammadkii uu doortay ee uu nebinnimada iyo farriingudbinta isugu daray. Sidaa oo kalana ehelkiisa iyo asxaabtiisi dadka ka badbaadiyay baadinnimada, dushooda naxariis iyo nabadgalyo ha ahaato.

Intaa ka dib, walaalkayga Diintoow, waxaad iga codsatay in aan kuu kala dhigdhigo yoolka cilmiyada iyo sirahooda, madaahibta guntooda iyo goldalooladooda, iyo in aan kaaga warramo wixii aan dhib kala kulmay sidii aan xaqa uga la soo dhex bixi lahaa firqooyinka madaxa iskula jira, ayada oo aan og nahay in tubahooda iyo tabahooduba ay kala duwan yihiin; in aan kaaga sheekeeyo dhiirranidaydii aan kaga tallaabay dhiiqada taqliidka ee i gaarsiisay oogada fiiro dheerida; in aan kaaga warbixiyo ugu horrayn wixii aan ka faa'iiday *Cilmi Kalaamka*[1], mar labaadka wixii aan ka kahday tubaha *Ahlu Tacliimka*[2] ee xaqa ku koobtay taqliidka imaamkooda, mar sad-

---
1 Cilmul Kalaam: cilmi falsafadda u dhigma oo ay culimada Muslimiinta qaarkood caqiidada ugaga hadlaan qaab xujooyin caqli ku dhisan [Turjumaha].
2 Baadiniyada ayaa uu u jeedaa, waana ay imaan doontaa [Turjumaha].

dexaadkana wixii agagas ila noqday ee toobiyayaasha falsafaynta, iyo ugu dambayn wixii aan ku qancay ee jidka suufiyoobidda. [Waxaad dalbatay in aan kuu tebiyo] wixii aan ogaaday intii aan kala haadinayay hadallada uumiyaha miiddii xaqana aan ka dhex goobayay; wixii aan uga tagay faafintii cilmiga ee aan Baqdaad ka waday ayada oo ay ardaydu badan yihiin, iyo waxa dib iigu soo celiyay in Naysaabuur oo aan ka maqnaa muddo dheer aan dib uga bilaabo faafinta cilmiga.

Waa anigaa durba dalabkaagi ka jawaabay, ka dib markii aan hubsaday daacadnimada rabitaankaaga, Aniga oo Alle kaalmaysanaya, talasaraanaya, waafajin ka doonaya oo magangalaya ayaan leeyahay:

Ogaada—Alle hanuunkiinna ha wanaajiyo, oo hoggaanka nafihiinnana mid xaqa raaciddiisa u nugul ha ka dhigo e—in kala duwanaanta diimeed ee uumiyaha iyo kala duwanaanta ummaddan ee ku salaysan madaahibta iyada oo ay kooxihii bateen oo dhabbooyinka ku kala leexdeen, ay tahay bad gun dheer oo dad badan liqday, wax ka baxsadayna ay yar yihiin. Koox kastaana waxa ay sheeganaysaa in ay ayadu tahay tan keli ah ee badbaadaysa, "Qolo walbana waxa ay haysato ayaa ay ku faraxsan tahay (كُلُّ حِزْبٍ بِمَا لَدَيْهِمْ فَرِحُونَ)"[3], waana tii uu Sayidkii Ergooyinka, *salawaatullaahi calayhi*—waa runsheegihii loo run sheegi jiray e—uu sheegay markii uu yiri: "Ummaddaydu waxay u kala qaybsami doontaa toddobaatan iyo saddex kooxood, hal mid ayaana badbaadi doonta", wixii uu sheegayna waa la hayaa.

---

3 Ruum: 32.

[HORDHAC] 3

Tan iyo yaraantaydi, markii aan qaangaar ku dhowaaday, labaatan jirkaygi ka hor ilaa iyo hadda oo kontonkii sano ay wax ii dheer yihiin, waxaan dhex jibaaxayay mawjadaha baddaan gunta dheer, waxaan quusi jiray moolkeeda aniga oo dhiirran, oo aan la mid ahayn fulayga digtoonida badan. Mugdi walba dalaq ayaan lahaa, mushkilad kasta waan ku boodi jiray, dabinnada waan jiiri jiray, koox walbana caqiidadeeda ayaan baaritaan ku samayn jiray, waxaanna daaha ka rogi jiray siraha mad-hab walba oo ay kooxi haysato.

Waxa aan sidaa u yeelayay waxay ahayd in aan kala ogaado kan xaqa ku taagan iyo kan baadilka dabo rooraya, kan sunnada haysta iyo kan bidciga ah. *Baadiniga*[4] kama boodi jirin ee waxaan jeclaa in aan ogaado waxa u qarsoon. *Daahiriga*[5] ma dhaafi jirin ee waxaan dooni jiray in aan barto natiijada waxa uu muujistay. Kama dudi jirin *Faylasuufka* ee waxaan u heellanaan jiray in aan hubsado xaqiiqada falsafaddiisa. *Mutakallimka*[6] kama fogaan jirin ee waxaan ku dedaali jiray in aan dhuuxo gunta hadalkiisa iyo dooddiisa. Isma dhaafin jirin *Suufiga* ee waxaan u qalabqaadan jiray in aan dheehdo sirta suufinnimadiisa. Kama dheeraan jirin *Caabidka* ee waxaan u kuurgali jiray dheefta uu ka helo cibaadadiisa. *Sindiiqa*[7] tilmaamaha Alle inkira

---
4 Baadini: way imaan dootaa [Turjumaha].
5 Daahiriya: mad-hab aaminsan in la qaato Kitaabka iyo Sunnada daahirkooda ee aan masalooyinka qiyaas loo adeegsan. Waxaa suuragal ah in uu uga jeedo guud ahaan wixii la muujisto ee aan la qarsan, yacnii lidka Baadiniyada wax qarsata.
6 Aqoonyahanka Cilmul Kalaamka [Turjumaha].
7 Sindiiq: qof Islaamnimo muujinaya, gaalnimana qarsanaya [Turjumaha].

kama aanan tagi jirin ee waan dabagali jiray si aan ugu baraarugsanaado sababaha uu ugu dhiirranayo gaalnimada iyo dafiridda tilmaamaha Alle.

Oonka aan u qabo ogaanshaha xaqiiqadu wuxuu ii ahaa dhaqan iyo caado tan iyo yaraantaydi, oo waxay ahayd abuur iyo tallaal uu Alle igu uumay, oo aanan tab iyo doorasho midna ku helin. Waxay taasi ii suuragalisay in dabarkii taqliidku[8] iga furmay, caqiidooyinkii ab-kasoo-gaarka ahaana ay iga hareen carruurnimadaydiiba, maadaama aan arkay in ciyaalka Kiristaanku ay ku barbaarayaan Kiristaannimadooda, kuwa Yahuudduna ay ku korayaan Yahuudnimadooda, kuwa Muslimkuna ay ku weynaanayaan Islaamnimadooda. Waxaanna maqlay xadiiskii Nebiga SCW ee ahaa: "Ilmo kasta wuxuu ku dhashaa fidrada[9], waalidkii ayaana ka dhiga: Yahuudi, Kiristaan, ama Majuusi."[10]

Kolkaa ayaa ay laabtaydu u guuxday in ay ogaato xaqiiqada fidrada asalka ah iyo wixii xaq ka ah caqiidooyinka looga daydo waalidka iyo macallimiinta, iyo sidii aan u kala garan lahaa—aniga oo og in bilowgeedu yahay wax la isu yeeriyay oo afka la isu galiyay, xaqa iyo baadilka kala soociddoodana lagu kala aragti duwan yahay. Waxaan iskula sheekaystay bilowgii: mar haddii waxa aan raadinayaa yahay in aan wax walba xaqiiqadooda ogaado, soo kama ay horreyso in aan ogaado xaqiiqada cilmigu waxa ay tahay? Waxaa weydiintaa iiga soo baxay in cilmiga la isku hubo uu yahay kan shay wal-

---
8 Cid iska raacid iyo ku dayasho [Turjumaha].
9 Dabeecad iyo dhaqan qumman oo uu xaqa ku aqbali karo, Allana uu ku aqoonsan karo oo lagu abuuray [Turjumaha].
10 Majuusi: dadka dabka caabuda [Turjumaha].

ba kaa siiya macluumaad aan shaki dambe kugu reebin, qalad iyo ismoodsiisna aanay ku laaqmi karin, wax qalad ah in ay gali karaanna laabtu aysan suuraysan karin. Hase yeeshee, ka caymashada qaladku waa in ay noqoto mid yaqiinta ku xiriirsan oo haddii xataa la xujeeyo—sida in qofi uu dhagaxa dahab ka dhigi karo, ushana mas—aanay yaqiintii wax shaki ahi gali karin.

Mar haddii aan ogaado in tobanku uu ka weyn yahay saddexda, waa in aanan ka shakin haddii uu qof igu yiraahdo, "Saddex ayaa ka weyn toban, waxaana daliil u ah in aan ushaan ka dhigi karo mas," dabadeetana uu ka dhigo aniga oo u jeeda. In aan la yaabo qofka noocaas ah iyo awoodda uu leeyahay mooye e, arrintaasi wax kale iguma dhalin karto, wixii aan hore u ogaadayna wax shaki ah igama galin karto.

Markaa ayaan garwaaqsaday wax kasta oo aqoonta aan u leeyahay aanay sidaas oo kale ahayn, hubaasha aan ku qabana aanay heerkaa gaarsiisnayn, in uu yahay cilmi aan lagu kalsoonaan karin, badbaadana aan lagu helayn; cilmi kasta oo aan caymashadaas wadanna ma aha cilmi yaqiin gaarsiisan.

AL-MUNQID 6

MARINNADA SAFSADADA[1] IYO INKIRIDDA OGAALKA (SHAKIGA)

Intaa ka dib, waxaan baaray aqoontaydi, waxaana ii soo baxday in aan ka arradanahay aqoon tilmaantaas leh marka laga reebo waxa dareenka[2] lagu ogaado (*xisiyaad*) ama mahuraanka[3] (*daruuriyaad*) ah.

Waxaan iri: Allaylehe mar haddii wixii kale laga quustay, wax rejo ah lagama qabo in aan masalooyinkaa adag xalkooda ka baaro wax aan caad saar-

---

1 Al-Safsadah: aragti falsafadeed oo qabta in aysan jirin wax dhab ah, waxna aan lagu kalsoonaan karin ee sida qofku ismoodsiiyo uun ay jirto [Turjumaha].
2 Xisiyaad: waa waxyaabaha lagu ogaado dareemayaasha shanta ah: maqalka, aragga, urta, dhadhanka, iyo taabashada [Turjumaha].
3 Daruuriyaad: waa wax in la aamino aanay u baahnayn fakar iyo kabaaraandeg, waxayna u qaybsantaa saddex qeybood: 1) *Awaliyaad* oo ah wax aanay rumayntiisu ku xirnayn wax kale, sida: hal waa kalabarka labo, shayga oo isku dhan ayaa ka weyn qayb isaga ka mid ah. 2) *Xadasiyaad* (Mala-malayn): wax u baahan in male iyo qiyaas loo kaalmaysto sida: dayuxu wuxuu iftiinka ka qaataa qorraxda. 3) Wax rumayntoodu ay tijaabo ku xiran tahay, sida: dawo heblaayo, cudur hebel ayay dawaysaa. Labadaan dambe in kasta oo ay male iyo tijaabo ku xiran yihiin, haddana rumayntoodu uma baahna fakar iyo ka baaraandegis. [*Xaashiyah al-Baajuuri calaa matni al-Sullam*, B.89—Turjumaha].

rayn mooye e wax kale—waa dareenka (xiska) iyo mahuraanka (daruuriyaadka) e. Haddaba, waa in aan ugu horrayn si wacan ayaga isaga dhiso, si aan uga gungaadho: kalsoonida aan ku qabo waxyaalaha dareenka ku dhisan, iyo gef la'aanta daruuriyadku, ma waxa ay la mid yihiin kalsoonidii aan awal ku qabay taqliidka, iyo kalsoonida ay badi dadku ku qabaan daliillada caqliga? Mise kaa oo kale ma aha e, waa badbaado la isku hubo oo aan mool, halis, iyo dhibaato lahayn?

Aniga oo aad u dedaalaya ayaan bilaabay ka fakaridda xiska iyo daruuriyaadka oo waxaan isweydiiyay: ma suuragal baa in aan ayagana naftayda shaki ka galiyo?

Shakigii dheeraa wuxuu i gaarsiiyay heer aanay naftaydu ku kalsoonaan waxyaabaha dareenka lagu ogaado ilaa uu shakigii igu sii ballaartay oo ay naftaydu i weydiisay: sidee dareemayaashaada ugu kalsoonaan kartaa ayada oo aad og tahay in araggu ugu xoog badan yahay, hase yeeshee, marka aad harka eegtid waxaa kuu muuqanaya in uu taagan yahay oo uusan wax dhaqdhaqaaq ah lahayn, sidaana aad ku xukuntid in harku uusan dhaqaaq samayn. Balse tijaabada iyo aragga waxaad saacad ka dib ku ogaanaysaa in uu dhaqdhaqaaqayo, hal marna uusan wada soconayn ee uu si tartiib tartiib ah, oo firi firi camal ah u socday, marnana uusan istaagin. Haddana waxaad eegaysaa meeraha, waxaadna moodaysaa wax yar oo shilin le'eg, balse caddaymaha xisaabtu waxay sheegayaan in uu cabbir ahaan dhulka ka weyn yahay.

Kan iyo wixii la mid ah ee wax la dareemo ah garsoorka xisku axkaamtiisa ayuu go'aan ku dulsaarayaa, balse garsoorka caqliga iyo tijaabada ayaa gartii uu gooyay beenaynaya, ilaa heer aan la difaaci karin. Amminkaas ayaan is-iri: kalsoonidii dareenka lagu qabayna waa ay burtay e, soo lagama yaabo in lagu kalsoonaado cadd-aymaha caqliga oo asaas ah keligood, sida marka aan leennahay: toban ayaa ka badan saddex; hal shay kuma kulmaan diidmo iyo yeelmo isku mar; hal shay hal mar ma noqon karo mid soo darriyay iyo mid hore u jiray, mid jira iyo mid aan jirin, mid jiritaankiisu uu qasab (*waajib*) yahay iyo mid uu yahay wax aan suuroobayn (*mustaxiil*).

Dareenkii ayaa iigu warceliyay:

Aaminaadda iyo kalsoonida aad imminka caqli-ga ku qabtid maxay kaga duwan tahay middii aad igu qabtay intii uusan caqligu i burin, la'aantiina aad iska kay rumaysnaan lahayd? Soo suuragal ma aha in caqliga laftirkiisa uu ka shisheeyo garsoore kale oo haddii aad heshid burin kara caqliga, beentiisana bannaanka soo dhigi kara sidii uu asaguba daaha uga qaaday ee uu u beeniyay xukunkii dareemayaasha? In haatan aadan garsoore kale u jeedinna kama dhigna in uu yahay wax aan suuragali karin oo mustaxiil ah.

Halkaa markay hawshu joogto ayay naftii hakatay, jawaabna uma aysan helin arrinkaa, balse waxay mush-kiladdaa ku sii xoojisay *riyada*, oo waxay tiri: markaad huruddid soo wax kuuma sawirmaan, xaalado kala duwanna kuuma muuqdaan, ilaa aad u malaysid wax xaqiiqo ah, marnana aadan ka shakinayn, marka aad baraarugtidna waxaad ogaanaysaa in wixii aad saw-iranaysay ee aad aamintay oo dhan ay ahaayen wax aanay waxba ka jirin?

Haddaba, maxay noqon kartaa kalsoonida aad ku qabtid in waxa adiga oo soo jeeda aad xis ama caqli ku rumaysay uu yahay wax jira (xaq), marka loo eego xaaladdii aad ku suganayd?

Waa suuragal in ay kugu timaaddo xaalad marka soojeedkaaga loo eego la mid noqonaysa sida soojeedkaaga iyo hurdadaadu ay isu yihiin oo kale, soojeedkaaguna uu ka dhignaanayo hurdo kolka xaaladdaas loo eego. Marka ay xaaladdaa oo kale kugu timaaddo, waxaad yaqiinsanaysaa in wax allaale iyo wixii uu caqligaagu kuugu sheekeeyay ay yihiin ismoodsiis iyo khayaali aanay waxba ka naasacaddayn.

Laga yaabee in xaaladdaasi ay la mid tahay midda Suufiyada, oo waxa ay sheegtaan in marka ay naftooda dhex quusaan, dareemayaashoodana ay ka dheeraadaan, ay arkaan arrimo aan caqliga waafaqsanayn.

Laga yaabee in xaaladdaasi ay tahay geerida, oo waa tii Rasuulku SCW uu yiri: "Dadku way hurdaan e, markay dhintaan ayay baraarugayaan." Laga yaabee in nolosha adduunyadu ay tahay hurdo marka loo eego aakhiro. Kolka uu qofku dhinto wax walba waxay ugu muuqanayaan si ka geddisan sida uu maanta u arko, waxaana lagu oranayaa, "Waxaan kaa qaadnay dahaarkii kugu gudbanaa, araggaaguna maanta waa fay!"

فَكَشَفْنَا عَنكَ غِطَاءَكَ فَبَصَرُكَ الْيَوْمَ حَدِيدٌ ۝

Markii aan afkaartaas iskula sheekaystay, naftana ay saamaysay, ayaan u baadigoobay wax lagu daweeyo balse iima fududaan. Waayo, waxa keli ah ee la isaga difaaci karo wuxuu ahaa daliil cad—mid aan ku salaysnayn culuumta caqliga suuragalna ma uusan ahayn; mar haddii aysan culuumtaasi ahayn kuwo la isla meel dhigay, daliil lagama soo dhiraandhirin karo.

Cudur i noojiyay ayuu noqday wuxuuna i hayay muddo labo bilood ku dhow oo aan haystay mad-habta *safsadada* markii xaalkayga la eego, balse hadalkayga iyo aragtidayda midna kama aanay muuqan, ilaa markii dambe uu Alle—sarreeye—iga caafiyay cudurkaas iyo cilladdaas, naftuna ay biskootay caadi ahaantiina ku soo noqotay, lama-diidaankii (daruuriyaadkii) caqliguna ay noqdeen kuwo la aqbalsan yahay, lagu kalsoon yahay, ammaan la isku hubana ay yihiin.

Taasina kuma hirgalin daliil la soo dhisay iyo hadal la isku aaddiyay toona, balse waxay ku timid nuur uu Alle qalbiga ku riday, nuurkaas ayaana ah furaha garashooyinka (macaarifta) intooda badan. Qofkii u malaynaya in *kashfigu*[4] uu ku xiran tahay caddaymo la tifaftiray oo keli ah, waxa uu ciriiri galiyay naxariista Alle—sarreeye—ee waasaca ah.

Markii Rasuulka Alle SCW la weydiiyay tafsiirka ereyga: *sharraxaadda* "الشَّرْح" ee ku jira aayadda oranaysa: "Qofkii uu Alle hanúuninayo laabtiisa ayuu Islaamka u sharxaa (waasiciyaa),"

$$\text{فَمَن يُرِدِ اللّهُ أَن يَهْدِيَهُ يَشْرَحْ صَدْرَهُ لِلْإِسْلَامِ}$$

waxa uu ku sheegay, "Waa nuur uu Alle ku tuuro qal-

---

4   Daalacashada xaqiiqada [Turjumaha].

biga, sidaana ay laabtu ugu waasac noqoto." Waxaa la sii weydiiyay: maxaa u calaamad ah? Wuxuu yiri, "Waa daarta lagu kadsoomayo oo laga gaabsado, aakhirada lagu waarayana loo jeesto."

Waana nuurkii uu SCW ka yiri, "Alle—kor ahaaye—uumiyaha wuxuu ku abuuray mugdi dhexdiis, dabadeedna nuurkiisa ayuu ku rusheeyay."

Haddaba, nuurkaas ayaa ay ku habboon tahay in kashfi lagu raadiyo. Nuurkaasina wuxuu ku yimaaddaa deeqda Alle oo xilliyada qaar ayaa la helaa, in lo baadigoobaana waa waajib, sida uu Nebigu SCW inoo sheegay, "Siismooyin (*Nafaxaad*) ayuu Rabbigiin bixiyaa maalmaha sannadka e, isu dhiga [oo raadiya] in aad heshaan."

Ujeedka sheekadaani waa: in uu qofku aad u dedaalo xaqiiqo raadin ilaa uu gaaro heer uu baadigoobo wax aan la raadin. Mahuraanka caqligu ma aha wax la doono ee waa wax la haysto. Wax jooga haddii la raaraadiyana waa la waayaa oo wuu qarsoomaa[5]. Qofkii baadigooba wax aan la goobinna, looga biqi maayo in uu ka gaabiyo raadsashada wixii la daydayi karo.

---

5 Sida saacad gacanta kuugu xiran oo aad ka goobayso meeshii aad xalay dhigtay ama ookiyaale aad xiran tahay oo aad ka dayayso meelahaad saari jirtay [Turjumaha].

AL-MUNQID 14

JAADADKA XAQIIQO-DOONKA

Markii Ilaahay uu fadligiisa iyo deeqdiisa igu galladay ee uu cudurkan iga bogsiiyay ayay xaqiiqo-doonku iigu muuqdeen in ay yihiin afar kooxood oo keli ah:

1. *Mutakallimiin*: waxay sheegtaan in ay yihiin dadka ra'yiga iyo garashada loogu yimaaddo.

2. *Baadiniyo* (Uur-ku-sidato): waxay sheegtaan in ay yihiin dadkii aqoonta tafsiirka diinta loo wakiishay iyo in ay yihiin kuwa keli ah ee ka soo dabqaata Imaamka Macsuumka[1] ah.

3. *Faylasuufyada*: waxay sheegtaan in ay yihiin dadka looga dambeeyo gardhisaha (*mandiqa*) iyo caddaymaha (*daliilka*).

4. *Suufiyada*: waxay sheegtaan in ay yihiin dadka sida gaarka ah loogu maamuusay barxadda anwaarta Alle iyo in ay yihiin dad daalacasho iyo kashfi leh.

Dabadeetana, waxaan iskula sheekaystay: xaqu afartaa kooxood kama baxsana, waana ayaga kuwa tubtiisii haya, haddii uu intoodaa ka durugsan yahayna, la

---

1 Xumida laga ilaaliyay [Tujumaha].

quuddarrayn maayo meel kale oo loo doonayo—mar haddii taqliidkii (garbatabsigii) hore looga tagayna rejo lagama qabo in lagu noqdo. Sideedaba, waxaa taqliidka u shardi ah: in uusan qofku ogayn in uu cid kale garbatabsan jiray. Mar haddii uu taa ogaadana, waxaa burburaysa quraaraddii taqliidkiisa—waana dillaac aan isu iman karin, kabkab iyo isukeenkeenidna aanay dib isugu dhejin karin, ilaa dab lagu dhalaaliyo oo sanco cusub loo amaamudo.

Amminkaas ayaan ku dhaqaaqay in aan tubahaas raaco oo aan ka gungaaro waxa ay kooxahaani hayaan; aniga oo ku bilaabay cilmi kalaamka, ku xijinaya tubta falsafadda, ku saddexaynaya Tacliimaha (farriimaha) Baadiniyada, kuna afaraynaya jidka Suufiyada.

CILMI KALAAMKA
UJEEDKIISA IYO MIRIHIISA

Intaa ka dib waxaan ku bilaabay cilmi kalaamka—waan bartay waanna faalleeyay, waxaanna akhriyay buugaagta ay qoreen lafagurayaasha cilmigaan, wax alle iyo wixii aan ka qori lahaana waan allifay. Waxaa ii soo baxday in uu yahay cilmi ku filan ujeedkii looga gollahaa, balse aan waxba ka tarayn ujeeddadayda. Yoolkiisu waa in caqiidada Ahlu Sunnaha loo dhowro Ahlu Sunnaha iyo in laga waardiyeeyo tashuushka Ahlu Bidcada. Ilaahay SWT wuxuu addoommadiisa u soo dejiyay, asaga oo carrabka Rasuulkiisa u soo marinaya, caqiido xaq ah oo wanaaggooda if iyo aakhiro uu ku jiro, waana sida ay faahfaahinteeda inoo sheegeen Qur'aanka iyo xadiisyaduba. Intaa ka dib ayuu Shaydaanku ku tuuray waswaasyadii bidcooleyda waxyaabo khilaafsan sunnada, wayna ku hadaaqeen, waxayna ku dhowaadeen heer ay caqiidada xaqa ah tashuush ka galiyaan dadkeedi.

Alle—sarreeye—ayaa dhaliyay kooxda mutakallimiinta, dareenkoodana u jeediyay in ay sunnada ugu hiiliyaan ereyo habaysan oo daaha ka qaadaya madmadowga ahlu bidcadu ay soo kordhiyeen ee khilaafsan sunnadii la soo wariyay, halkaa ayayna ka dhasheen cilmiga kalaamka iyo ehelkiisu. Qaybo ka mid ahi waxay si dhab ah ugu istaageen shaqadii uu Alle—sarreeye—u diray, si wanaagsan ayayna u difaaceen sunnada, uguna halgameen caqiidadii la qaatay ee laga soo gaaray Nebinnimada; waxayna afka ciidda u dareen wixii bidco la soo kordhiyay.

Laakiin, hawshaa waxay u cuskadeen ararro ay ka aqbaleen kuwii ay iskhilaafsanaayeen, waxaana aqbalkaa ku kallifay: taqliid ama israaca ummadda (*Ijmaaca*), ama in ay si caadi ah uga aqbaleen Qur'aanka iyo xadiisyada.[1]

Waxa ugu badan ee ay isku hawleenna waxay ahayd in ay bannaanka soo dhigaan hadallada isburinaya ee cidda ay is-hayaan, iyo in ay ku cambaareeyaan natiijooyinka ka dhalanaya gundhigyadooda. Qaabkanina waxtar badan kuma laha ciddii aan sideedaba aqbalsanayn wax aan ka ahayn daruuriyaadka [mahuraanka ah], sidaa darteedna cilmi kalaamku waxba iima tarin, cudurkii aan ka sheeganayayna igama shaafin.

Waa dhab, markii cilmi kalaamku hanaqaaday, aadna loo dhex galay, muddaduna ay dheeraatay, in ay culimadii kalaamku u hanqaltaageen in ay isku dayaan difaacidda Sunnada ayaga oo u maraya in ay baaritaan

---

[1] Ararahaas in ay taqliidsadeen qolyaha liddiga ku ah ama ay xaqiiqsadeen in ummaddu isku raacsan tahay ama in ay waafaqsan yihiin Qur'aanka iyo sunnada ayaa ku qasabtay in ay aqbalaan oo ay adeegsadaan sida kuwa ay iskhilaafsan yihiini ay u adeegsadaan oo kale [Turjumaha].

ku sameeyaan xaqiiqooyinka walxaha, waxayna dhex quuseen baaritaan ay ku sameeyaan xaqiiqooyinka (*jawaahir*) walxaha, tilmaamaha (*acraad*), iyo xukun- nadooda. Laakiin, maadaama aysan taasi ahayn yoolka cilmigooda, hadalkoodu ma uusan gaarin heerkii loo baahnaa, mana aysan helin wax si kama-dambays ah u baabi'iya mugdigii iyo wareerkii ka dhashay khilaafaad- ka dadka.

Ma diiddani in dadka qaarkii ay heerkaas gaareen, shakina iigama jiro in ay jirto koox heerkaa gaartay, waase waa mid aan ka marnayn taqliid ay ka sameeyeen dhanka arrimaha qaar aan mahurto (*awaliyaad*) ahayn oo ay cid kale uga daydeen.

Imminkana in aan xaaladdayda ka warramo baan u dan leeyahay ee uma socdo in aan wax ka sheego ciddii ku caafimaadday. Maxaa yeelay, kala duwanaanshaha cudurrada ayaa ugu wacan in dawooyinku ay kala ged- disnaadaan, wayna badan yihiin dawooyin qof waxtar u leh, ku kalana dhib ku ah.

AL-MUNQID 20

FALSAFADDA

Xaasilkeeda — intii ceebayn mudan iyo intaan mudnayn — inta lagu gaalaysiinayo ciddii tiri iyo inta aan lagu gaalaysiinayn ee lagu bidcinnimo xukumayo — caddaynta xaqii ay ka soo xadeen ahlu xaqa ee ay baadilkooda ku mileen si ay baadilkooda ugu meelmarsadaan ayaga oo arrintaa sallaan uga dhiganaya — iyo qaabka ay naftu uga didayso xaqaas — iyo habka sarriflaha xaqu uu xaq saafi ah ugala soo dhex baxo been-abuuradka iyo kutirikuteenta hadalladooda ku dhex jirta.

Markii aan cilmi kalaamka ka faraxashay ayaan falsafadda bilaabay, waxaanna hubaal u garwaaqsaday qofna inuusan ogaan karin hallaysnaanta laan ka mid ah laamaha cilmiga ilaa aqoonta uu qaybtaas u leeyahay ay gaarto halka ugu sarraysa, kuwa ku takhasusay kooda ugu aqoonta badanna uu la sinmo, ka dibna uu baro dheeraado, wax uusan qofkaasi hore u ogaan oo xaqiiqo iyo fasaadba lehna uu ogaado. Markii uu heerkaas gaaro ayaa hallaysnaanta uu laan cilmiyeedka ka sheegayo ay sax noqon kartaa, ilaa iyo haddana ma aanan arag qof ka mid ah culimada Muslimiinta oo arrintaa u banbaxay, iskuna hawlay.

Waxa keli ah ee loogu tagayo kutubta mutakallimiinta ee ay faylasuufyada ku bushinayaan waa ereyo kakan, kala yaacsan, isburintooda iyo qaldanaantooduna ay diirka ka caddahay, caamay caqli leh uusan ku kadsoomayn, qof cilmiga dhuuxayna warkiisaba daa. Markaa ayaa waxa aan garawsaday in mad-habkan oo la raddiyo ayada oo aan la fahmin, xaqiiqadiisana la ogaan, ay ka dhigan tahay in la tuuryeeyo wax aan loo jeedin. Markaa ayaan u xaydxaytay in aan cilmigaas ka barto kutubta oo aan meel saaro, aniga oo akhris mooyaan e, aan macal lin u doonan. Arrintaas ayaan gudagalay xilliyada aan firaaqada ka ahay casharrada iyo allifidda kitaabbada cilmiga sharciga, weliba aniga oo ku jarriban waxbaridda saddex boqol oo ardayda Baqdaad ah.

Daalacashadii waqtiyadaas aan soo goostay aan samayn jiray ayaa uu Alle SWT i karsiiyay in figta ugu sarraysa ee cilmigooda aan ku ogaado muddo labo sano ka yar. Intaa kuma joogsan e, muddo hal sano ku dhow ayaan haddana dul fadhiyay, ka fakarayay, ku celcelinayay oo aan guntiisa iyo bahgooyooyinkiisa dhex qaadayay, ilaa aan si shaki la'aan ah u ogaaday dhagarta iyo hoosaasinta ku dhex aasan iyo xaqiiqooyinka iyo ismoodsiiska ku dhex jira.

Haddaba, imminka iga dhegayso warkooda iyo natiijada aqoontooda. Waxaan arkay in ay yihiin kooxo kala duwan, waxaanna arkay in aqoontooduna qaybo tahay. Si kasta oo ay u jaadad badan yihiin, waxay ku suntan yihiin gaalnimo iyo Allakoodnimo, in kasta oo markii la eego u dhowaanta xaqa iyo ka fogaanshihiisa ay kuwii waayadii hore iyo kuwii ka sii horreeyay, kuwii dambe iyo kuwoodii hore uu u dhexeeyo kala duwanaansho aad u weyni.

AL-MUNQID 24

NOOCYADA FAYLASUUFYADA IYO SIDA AY DHAMMAANTOOD SUMMADDA GAALNIMADU UGU DHEGGAN TAHAY

Ogsoonoow, si kasta oo ay u badan yihiin kooxahoodu, madaahibtooduna ay u kala duwan tahay, waxay u qaybsamaan saddex qaybood oo kala ah: Sebanley, Dabeecaley iyo Ilaahiyiin.

Nooca Koowaad—Sebanley (الدَّهْريون): waa koox kuwii hore ka mid ah oo dafiray in uu jiro abuure maamule ah, wax walba og, awoodna leh. Waxayna sheegteen in kawnku uu weligii sidaa iskii u ahaa, cid samaysayna aanay jirin; in xayawaanku uu candhuuf ka samaysmay, candhuuftuna ay xayawaan ka timid, sidaa ayay ahayd, sidaa ayayna ahaanaysaa weligeed iyo abidkeed; kuwaani waa sanaadiqada[1].

Nooca Labaad—Dabeecaley: (الطبيعيُّون) Waa qolo badsatay baarista caalamka dabeecada, cajaa'ibta xayawaanka iyo dhirta, waxa ay aad u dhex quuseen cilmiga qaabdhigga xubnaha xayawaanaadka (*anatomy*),

---

[1] Wadarta *sandiiq* oo aan soo marnay [Turjumaha].

dabadeetana waxay abuurta Alle ee yaabka leh iyo xikmaddiisa xeeshadheer ka arkeen wax ku qasbay in ay qiraan in uu jiro Abuure Xikmad badan oo ka warhaya yoolka arrimaha iyo ujeeddooyinkooda. Qof kasta oo wax ka barta cilmiga qaabdhigga xubnaha iyo waxtarka xubnaha ee cajiibka ah, waxaa u xasilaya ogaalkaan lamahuraanka ah. Sababta oo ah wuxuu si dhow u arkayaa habka isu dheellitiran ee Dhisuhu u agaasimay dhismaha jirka xayawaanka, si gaar ahna kan aadanaha. Laakiin, qoladaani bacdamaa ay badsadeen booritaanmadooda dabeecada la xiriira, waxay aammineen in dheellitirnaanta *mizaaj*-ku² ay saamayn xoog leh ku leedahay dhisaalka awoodeed ee xayawaanka, dabadeetana waxay maleeyeen in awoodda waxgarashada ee qofku ay ku xiran tahay *mizaaj*-kiisa, ayna burayso haddii uu *mizaaj*-ku xumaado, oo markaa uu baaba'ayo. Haddii uu baaba'ana aysan suuragal ahayn in la soo celiyo wixii baaba'ay—waa sida ay ku doodeen e.

Sidaa darteed, waxay qaateen in ay naftu dhimato aanayna soo noqon, sidaana waxay ku dafireen jiritaanka aakhiro, waxayna diideen Jannada iyo Naarta, isa soo bixinta (*al-xashri*) iyo ban waridda (*an-nashri*), Qiyaamaha iyo xisaabta. Markaana agtooda cibaado abaalmarin leh iyo macsi ciqaab leh ma jiraan, waxaana sidaa uga furmay xakamihii hayay, dabadeedna waxay ku qamaameen shahwooyinkii, si la mid ah sida xoolaha.

---

2 *Mizaaj* (المزاج): aragti hore oo qabtay in nooluhu ka samaysan yihiin afar walxood oo haddii dheelli ku yimaaddo cudur ka dhalanayo: kulayl, qabow, qoyaan, qallayl [Turjumaha].

Kuwaani iyaguna waa sanaadiqo, maxaa yeelay, asalka iimaanku waa in Alle iyo maalinta Qiyaamaha la rumeeyo, ayaguna waxay dafireen aakhiro, in kasta oo ay rumeeyeen Alle—sarreeye— iyo tilmaamihiisa.

Nooca saddexaad—Ilaahiyiin (الإلهيون): Waa faylasuufyada kuwoodii dib ka yimid, sida: Suqraad (*Socrates*), oo ah macallinkii Aflaadoon (*Plato*) oo asaguna ah macallinkii Arisdaadaaliis (*Aristotle*) oo ah qofkii isku dubbariday cilmiga mandiqa, u habeeyay culuumta, kala dhigdhigay wax aan hore u qaabaysnayn, waxaana uu u bisleeyay wixii culuumtooda ceeriinka ka ahaa. Kooxdani waxay si guud u naqdiyeen labadii kooxood ee hore ee Sebanleyda iyo Dabeecaleyda, waxayna fadeexooyinkoodi u soo bandhigeen si ay qayrkood kaga filnaadeen—"Alle ayaa Mu'miniinta uga filnaaday dagaalkii" oo ayaguu isku jabiyay.

Ka dib, Arisdaadaaliis wuxuu naqdiyay Aflaadoon, Suqraad, iyo kuwii ka horreeyay ee Ilaahiyiinta ahaa, waxna ulama uusan harin, ilaa uu giddigood gacmaha ka martay. Laakiin, waxa uu qurunkii gaalnimadooda iyo bidcadooda ka reebtay haraadi aan la waafajin in uu ka samatabaxo. Sidaa darteed, waxaa waajib ah in la xukumo gaalnimadooda iyo kaafirnimada kuwa raacay ee faylasuufyada Muslinnimada sheegta ah, sida: Ibnu Siinaa, Faaraabi, iyo wixii la halmalaa—inkasta oo aanay jirin faylasuufyada Muslimiinta cid labadaa nin kula mid ah sida ay u soo guuriyeen cilmiga Arisdaadaaliis. Ruux walba oo aan labadaan ahayn oo ninkaa aqoontiisa soo guuriyay, waxaan laga waayayn fawdo iyo iskudhexyaac tashuush ku fura akhristaha ilaa uu fahmi waayaba.

Haddaba, wax aan la fahmayn sidee loo qaataa ama loo diidaa?

Guud ahaanna falsafadda Arisdaadaaliis, waxa aan sugnaantooda ku qancay, ee ay labadaan nin ka soo guuriyeen, waxay u qaybsamayaan saddex nooc:
1. Qayb ay waajib tahay in la gaalaysiiyo.
2. Qayb ay waajib tahay in bidcannimadeeda la xukumo.
3. Iyo qayb ay tahay in aan la diidinba.

Aan kala dhigdhigno.

LAAMAHA AQOONTOODA

Ogsoonow oo laamaha aqoontoodu—marka loo eego ujeedka aan dartii u baranayno—waa lix qaybood: Xisaab, Mandiq, Dabeeco, Ilaahiyaad, Siyaasad, iyo Dhaqan (akhlaaq).

Kan *xisaabeedku* waxa uu la xidhiidhaa: cilmiga xisaabta, injineeriyada, iyo aqoonta malluugta (cilmi falagga), kumana jiraan wax la xidhiidha arrimo diimeed oo u baahan aaminid iyo diidmaba ee waa arrimo ku dhisan caddaymo, oo haddii la barto oo la fahmo aan la dafiri karin.

Waxaase aqoontaan ka dhashay labo aafo:

Middood waa in qofkii dhugta ee u daymo lahaada ay ka yaabiyaan sida ay u sugan yihiin qaacidooyinkeedu, xujooyinka ay ku dhisan yihiinna ay u yihiin kuwo cad oo aanay xayaabo saarnayn. Arrintaa darteed ayuu wanaag ka aaminaa faylasuufyada, dabadeetana wuxuu aaminaa in dhammaan faylasuufyada aqoontoodu ay sida aqoontan oo kale u wada tahay waadax, laguna kalsoonaan karo. Qofka sidaa ahi kolka uu maqlo gaalnimada ay ku dhaceen faylasuufyo badani iyo sida aysan shareecada dan uga lahayn ee ay dad badanina u hadal hayaan ayuu taqliid (dhaanraacnimo) baraxla' ku gaaloobaa, oo wuxuu yiraahdaa: "haddii ay diintu xaq tahay, kuwan ay sidaa aqoontoodu tiirarka adag ugu dhisan tahay kama aanay qarsoonteen!" Dhegihiisa markii ay ku badatay in faylasuufyo badani ay gaalo yihiin ayuu u daliishadaa in xaqu uu yahay dafiridda iyo inkiridda diinta. Badanaa inta aan arkay ee xaqa kaga luntay intaa yar, ee aan haysan wax kale oo uu cuskado.

[Qofka noocaan ahi aqbali maayo] Haddii lagu yidhaahdo: qofka cilmi keli ah buuni ku ah kama dhigna in uu cilmi walba buuni ku ahaado, oo qasab ma aha kan fiqiga iyo kalaamka buuniga ku ah in uu sidaa ku yahay cilmiga caafimaadka; kan culuumta caqliga xiriirka la leh aan aqoonnin qasab ma aha in uusan naxwahana aqoon. Balse, cilmi walba wuxuu leeyahay dad ka gaadhay derejo xariifnimo iyo horyaalnimo, walow male iyo jaahilnimo ay cilmiyada kale kaga sugnaan karaan. Kuwii hore aqoontoodi xisaabtu xujo ayay ku dhisnayd, dhanka Ilaahiyaadkana male ayay ku dhisnayd— taas oo qof tijaabiyay oo dhexgalay mooyaan e, cid kale aysan garan karin.

Arrinkan haddii la soo hordhigo qofka ku dayasho (taqliid) darteed mulxid u noqday, ma aqbalayo ee hawadiisa oo ka xoog badatay iyo shahwada baagamuuddada iyo jacaylka isla-caqlibadnaanta ayaa ku riixaya in uu ku adkaysto malaha wanaagsan ee uu faylasuufyada ugu hayo aqoonta oo dhan.

Tani waa aafo weyn oo daraaddeed ay waajib noqonayso in la guulguulo cid walba oo dhex galaysa culuumtaas. Maxaa yeelay, xataa haddii aysan arrin diimeed ku saabsanayn, haddana maadaama ay ka mid tahay gundhigyada aqoontooda, waxaa u soo dusaya beladoodi iyo baaskoodi, waana dhif qof dhex gala oo aan diinta ka siiban, madixiisana xakamaha Alle ka cabsigu uusan ka furmin.

Aafada labaadi waxay ka curatay mid Islaamka la saaxiib ah balse jaahil ah. Waxa uu u maleeyay in Diinta u gargaariddeeda ay ka mid tahay in la inkiro cilmi kasta oo qoladaa loogu abtiriyo. Dabadeed waxa uu inkiray dhammaan aqoontoodi oo uu sheegtay in ay jaahiliin ka yihiin aqoontaas, ilaa uu dafiray waxa ay ka yidhaahdeen qorrax madoobaadka iyo dayax madoobaadka, waxa uuna ku andacooday in waxa ay yidhaahdeen uu shareecada ka hor imaanayo. Warkaas marka uu maqlo qof arrintan ku fahmay daliil aan shaki lahayn, daliilka muran la'aanta ah ka shakin maayo e, waxa uu aaminayaa in Islaamku uu ku dhisan yahay jaahilnimo iyo dafiridda xujooyinka lama-buriyaanka ah, dabadeetana falsafaddii ayuu sii jeclaanayaa, Islaamkiina nacayb ayaa uu u qaadayaa.

Danbi aad u weyn ayay Islaamka ka galeen dadka u maleeyay in Islaamka loogu hiiliyo inkiridda aqoontan, iyada oo Islaamku sugid iyo dafirid toonna uusan ku darsan culuumtaan, ayaduna aysan faragashan arrimaha diinta.

Weedhiisi uu SCW yiri ee ahayd: "Qorraxda iyo dayuxu waa labo aayadood oo ka mid ah aayadaha Ilaahay, qof dhimashadii iyo noloshiisa toonna uma madoobaadaan e, kolkii aad arrimahaas aragtaan xuska Alle—sarreeye—iyo salaadda u degdega," kuma jiro wax qasbaya diididda aqoonta xisaabta ee lagu barto socodka qorraxda iyo dayaxa, kulmiddooda ama iskubeegmiddooda qaab gaar ah u dhacda toonna. Laakiin, weedhiisa—calayhis salaam—"Laakiin Alle haddii uu isu muujiyo walax way u hogataa," dheeraadkani asal ahaanba kuma yaallo Saxiixyada.

Waa kuwaas xukunka xisaabta iyo aafadeeduba.

Aqoonta *mandiqu* shuqul kuma laha Diinta—dafirid iyo yeelmo toonna[1], waxa keli ah ee ay ku saabsan tahay waa u dhugyeelashada tubaha daliillada iyo halbeegyada, shuruudaha laga rabo araraha caddaymaha, sida la isugu aaddiyo[2], shuruudaha qeexidda qumman iyo qaabka loo falkiyo[3]; in cilmigu yahay sawirasho, habka lagu ogaanayaana waa qeexidda, ama waa rumayn habka lagu ogaanayo uu yahay caddaynta.

Intaa wax la inkiri karo kuma jiraan, waxayna la nooc

---

[1] Asagu diin ma aha, waase tub lagu garto saxda iyo qaladka daliillada garaadka. Natiijada adeegsigiisu haddii ay noqoto rumayn, macnaheedu ma aha in mandiqu uu diin yahay ee wuxuu ku koobnaanayaa in uu ahaa jidkii loo soo maray garwaaqsashada xaqiiqadaa la rumeeyay [Turjumaha].
[2] Mandiqa ayaa si fiican loogu qaadaa-dhigaa, halkaanna sharraxaaddeeda loogama gayoon karo [Turjumaha].
[3] Xadku wuxuu ka unkamaa jinsiga shayga iyo tafaasiishiisiisa qalfooftiisa. Matalan, haddii lagu dhaho:waa maxay geed? Waxaad oran kartaa:waa shay dhulka ka soo baxa oo jirrid leh. Waa maxay aadane? Waxaad oran kartaa:waa noole hadla. Muhiimaddu waa in marka shayga la qeexo ay nafteenna ku xasilayso muuqaal u dhigma shaygaa la xadeeyay tafaasiishiisa oo dhan.

tahay wixii ay sheegeen mutakallimiinta iyo aqoonyahanka ku takhasusay daliillada. Waxa keli ah ee ay ku kala duwan yihiinna waa weeraha iyo ereybixinnada ay adeegsanayaan, iyo kala badsashada ku dheeraanta abla-ablaynta iyo kala findhicilidda. Tusaale ahaan, waxaa hadalladooda ka mid ah ereygaan: haddii ay caddaato in A kasta ay tahay B, waxaa ka dhalanaysa in B qaarkeed ay tahay A, taas oo ka dhigan, haddii uu aadane kasta xayawaan yahay, xayawaannada qaar ayaa aadane ah. Arrintaan waxay ku sharraxaan weertaan: Waajibisada guud (*almuujibah alkulliyah*), waxaa hoos timaadda waajibiso qaybeed (*almuujibah aljuz'iyah*)[4]. Hadda,

---

4 Marka la eego qaddiyada xukunkeeda, waxay u qaybsantaa laba: ximliyo (xambaarato) iyo shardiyo (dabran).
Xambaarato: waa in shay la siiyo xukun wax loogu sugay ama looga deedafaynayo, sida: Muxammad wuu wanaagsan yahay ama Muxammad ma aha bakhayl.
Xambaaratadu waxay u qaybsantaa: waajibiso (muujibo) iyo siibto (saalibah).
Xambaarato Waajibisaa: waa in xukunka shayga la siinayo uu yahay, warka (maxmuul) iyo laga warramuhu (mawduuc) inay isleeyihiin, sida: Azhar waa kan ugu fac weyn machadyada diinta lagu barto.
Xambaaratada siibtada ah: waa in xukunka shayga la siinayo uu yahay, warka iyo laga warramuhu in aanay islahayn, sida: dulmigu wax wanaag ah ma laha.
Kulmiso (*Kulliyo*): wixii laga warramaheedu uu dhammaan kulminayo, xukunkeeduna uu wada fuulayo qaybaheeda oo dhan,
Tusaalaha, kulmiso waajibiso ah: qof walba oo mukallaf ah (qaangaar, garaad leh), waxaa la faray inuu Alle adeeco ama geed walba waa dhir.
Tusaalaha kulmiso siibto ah ah: fiddada wax dahab ahi kuma jiraan ama qof dadka ka mid ahi dhagax ma aha.
Qaybsan (Juz'iyo): wixii laga warramaheedu uu dhammaan kulminayo, xukunkeeduna uu fuulayo in ka mida qaybaheeda ,
Tusaalaha qaybsan waajibiso ah: macdanta qaarkeed, waa naxaas ama oogada siman qaarkeed waa saddex gees.
Tusaalaha qaybsan siibto ah: xayawaannada qaarkood dad ma aha ama miraha qaarkood ma aha tufaax ama xayawaan kasta dad ma aha.

maxaa waxan oo kale ka khuseeya masalooyinka Diinta, sababna u noqon kara in la diido oo la dafiro ayada oo kale? Haddii qofi uu inkiro, kuwa ku takhasusay mandiqa waxaa u muuqanaysa caqli xumada qofkaas ama diinta qofkaasi uu sheeganayo ayay wax xun ka aaminayaan, maadaama uu ku andacoonayo in diintiisu ay diidday. Haa, waa ay jirtaa laftoodu in ay cilmigaan dulmiyeen. Xujooyinka waxay u sameeyaan shuruudo haddii la buuxiyo, la og yahay in ay hubanti (yaqiin) qofka gaarsiinayaan, shakina uusan ku sii jirayn, laakiin marka ay soo gaaraan waxyaabo yoolasha (*maqaasidda*) Diinta ka mid ah, kama suurtowdo in ay shuruudahaas buuxiyaan, ilaa xadna way fududaystaan.

Waxaa dhaci karta in uu mandiqa dhugto qof la dhacsan oo u arka in uu banyaal[5] yahay, ka dibna uu u maleeyo gaalnimada duulka laga soo warinayaa in ay ku taagan tahay xujooyinkaas cadcad oo kale, sidaana uu durba ku gaaloobo asaga oo aan soo gaarin, oo aan dhugan, halka ay faylasuufyadu ku sharraxaan cilmigii Alle ku saabsan (Ilaahiyaad). Aafadaanina waa mid uu halis ugu jiro.

Cilmiga *dabiicadu* waa barashada cirka, xiddigaha iyo wixii ka hooseeya ee jurmiyada keligood ah, sida: biyaha, hawada, ciidda, dabka, iyo jurmiyada iskudhisan, sida: xayawaanka, dhirta, macdanta iyo sababaha doorsoonkooda, dhallan-geddisankooda, iyo sida ay isugu qasmaan. Sidaa ayuu cilmigaani ugu dhigmaa cilmiga dhakhaatiirta ee ku saabsan jirka aadanaha, xubnihiisa asaasiga ah iyo kuwa adeegayaasha ah, iyo sababaha uu

---

5 Mid ku taagan daliillo cadcad [Turjumaha].

*misaaj*keedu u dhallanrogmo.

Sida aanay shuruudda Diinta uga mid ahayn in la inkiro cilmiga caafimaadka, ayaanay shuruudaheedana uga mid ahayn in la dafiro cilmigaan—marka laga reebo masalooyin gaar ah oo aan ku xusnay buugga *Tahaafut al-Falaasifah* (تهافت الفلاسفة) mooyaan e. Wax alle iyo wixii ka soo haray intaa, oo in la khilaafo ay waajib tahay, kolkii si wacan looga fakaro, waxaa muuqanaysa in ay intaa [aan halkaa ku xusay] soo hoos galayso. Waxaa kulligeed asal u ah in aad ogaatid dabeecadu inay tahay mid uu Alle—sarreeye—maamulo, iskeedna aanay u shaqayn, ee Allihii abuuray uu adeejinayo: qorraxda, dayaxa, xiddigaha iyo dabiicooyinka oo dhammi amarkiisa ay ku shaqeeyaan, mid ka mid ahna uusan iskii wax u samayn karin, waxna ku samayn karin.

Culuumta Alle ku saabsan (*Ilaahiyaadka*) ayaa qaladaadkooda ugu badani ay ku jiraan, waxayna awoodi waayeen in ay oofiyaan shuruudihii mandiqoodu uu ku xiray xujada, sababtaa darteed ayuuna iskhilaafkooda halkan ugu batay. Mad-habta Arisdaadaaliis ayaa ah kan ugu soo dhow madaahibta Islaamiyiinta, innaga oo ka shidaal qaadanayna wixii ay ka soo minguuriyeen Faaraabi iyo Ibnu Siinaa, laakiin marka la isu geeyo gefafkooda, waxay hoos imaanayaan labaatan asal oo saddex ka mid ah ay waajib tahay in lagu gaalaysiiyo, toddobo iyo tobanka kalana lagu bidcaysiiyo. Si aan u burinno labaatankaan masalo, ayaan u qornay kitaabkta *at-Tahaafut*. Saddexda masalo, waxay ku khilaafeen dhammaan Muslimiinta, waana:

— Jirarka lama soo bixin doono, waxa la abaalmarinayo ama la ciqaabayaana waa nafta oo keli ah. Abaalmarinta iyo ciqaabtuna ruuxda ayaa ay la xiriiraan ee jirka shaqo kuma laha. Way ka run sheegeen in ay qirsan yihiin midda ruuxda la xiriirta, oo waa mid jirta, balse waxay been ku dhaceen markii ay dafireen abaalmarinta iyo ciqaabta jirka, waxaas ay ku hadleen dartii waxay ku gaaloobeen shareecada.

— Waxaa kale oo ka mid ah hadalkooda ah: "Alle—sarreeye—waxa uu og yahay waxay ku kooban yihiin waxyaabaha guud, tafaasiisha ku hoos jirtase, war kama hayo". Kanina waa gaalnimo cad, xaquna waxa weeye: Wax atam le'eg oo dhulka ama cirka ku sugan, ogaanteedu Alle kama maqna.

— Waxaa kale oo ka mid ah hadalkooda ah: "Adduunku weligii waa uu jiray",

Cid Muslim ah oo masalooyinkaan aaminsani ma jirto.

Wixii intaa ka soo haray ee ah diiditaankooda tilmaamaha [Alle] iyo weertooda ah: jiritaan ahaan buu wax og yahay ee ogaal ka baxsan jiritaankiisa ma laha, iyo waxa la midka ah, waxay ku dhow yihiin mad-habta Muctasilada, waajibna ma aha in waxaa wax la mid ah Muctasilada lagu gaalaysiiyo. Waxaan ku sheegnay kitaabka *Gargoynta kala soocidda Islaamka iyo Uur-ku-gaalnimada*; (فيصل التفرقة بين الإسلام والزندقة) sida ay taladu uga kharriban tahay qof walba oo ku fududaada ku gaalaysiinta wax walba oo ka duwan mad-habkiisa.

Cilmiga *Siyaasadda* waxa ay kaga hadleen oo dhan

wuxuu hoos imaanayaa xikmadaha maslaxadeed ee la xiriira arrimaha adduunyada, iyo siyaasadda taliska, waxayna ka soo qaateen kutubtii Alle ee lagu soo dejiyay Anbiyada iyo murti laga soo wariyay Nebiyadii hore.

Akhlaaqda waxay ka dhaheen oo dhan waxay isugu soo biyashubanaysaa ururinta tilmaamaha nafta iyo dhaqankeeda, sheegidda jaadadkeeda iyo noocyadeeda iyo sida loola tacaalo (daweeyo), loolana halgamo. Waxay ka soo xigteen uun hadalladii suufiyada oo ah duul khushuuc badan; joogteeya xuska Alle—sarreeye—; joogteeya in ay khilaafaan hawadooda; joogteeya qaadista jidka Alle—sarreeye—u dhoweeya iyaga oo ka jeesanaya macaanka adduunyada. Dedaalka ay naftooda ku tarbiyaynayeenna waxaa ugu faydmay waxa ay ka sheegeen dhaqanka nafta iyo ceebaheeda iyo aafooyinka falalkeeda, dabadeetana waxaa ka soo xigtay faylasuufyada, hadalkoodana ku qurxistay si ay baaddilkooda ugu suuqgeeyaan.

Waxaa xilligoodi jiray, xilli walbana jira, koox addoommo Alle isu dhiibay ah oo Alle—hufnaaye—uusan marna dunida ka maqnaysiinayn—waa dhidibbada dhulku ku taagan yahay, barakadooda darteed ayaa ay naxariistu ugu soo degtaa inta dhulka ku sugan, sida ku soo aroortay xadiiskii uu Nebigu SCW ku yiri: "Ayaga dartood ayaa roobka la idiin ku di'iyaa, dartoodna waa la idin ku arsaaqaa"[6]. Waxaana ka mid ahaa Asxaabul Kahfi[7] oo sida Qur'aanku uu sheegay

---

[6] Intaan hore waxaa weriyay Abuu Daa'uud oo waa xadiis Mursal ah oo daciif ah.
[7] Intaani xadiiska lama socon balse waxaad mooddaa in sida uu sheekhu u dhigay, ayada oo la socota uu sidaa ku soo minguuriyay [Turjumaha].

waxay noolaayeen waayo hore.

In ay buugaagtoodi ku dhex walaaqeen hadalladii Nebiyada iyo hadalladii suufiyada waxaa ka dhashay labo aafo: aafo ku dhacday qofka aqbalay iyo aafo haleeshay kuwa ka hor yimid.

Aafada ka soo gaartay kuwa raddinaya aad bay u weyn tahay, maxaa yeelay, koox maangaabyada ka mid ah ayaa waxay u moodeen mar haddii hadalkaasi uu ku qoran yahay buugaagta duulkaan, baadilkoodana uu ku dhex walaaqan yahay, in mudanku yahay in laga fogaado oo aan la sheegin, intaana lagu dayn maayo ee ay tahay in lagu cambaareeyo cid walba oo soo hadalqaadda—illeen bilowgii hore ayaga uun bay ka maqleene, markaana waxaa caqligooda daciifka ahi uu iska dhaadhiciyay hadalkani in uu yahay baadil, maadaama qofka yiri uu yahay ruux lunsan. Tani waxay ka dhigan tahay sida qof maqlay ruux Nasraani ah oo leh: "Alle mooyee Ilaah kale ma jiro, Ciisana waa Rasuulkii Alle," dabadeetana dhaleecaynaya oo oranaya: waxani waa hadalkii Nasaarada—asaga oo aan sugin inta uu ka fakarayo: Nasraaniga gaalnimadiisu ma hadalkan bay ka dhalanaysaa mise in uu dafirayo nebinnimada Muxammad SCW?! Haddii gaalnimadiisu ay ku timid dafiridda Nebiga SCW, lama gudboona in uu ku khilaafo waxa uu ku gaaloobay mooye e, waxa kale oo laf ahaantiisana xaq ah—xataa haddii qofkaa kale aaminsan yahay xaqnimada hadalkaas.

Tanina waa caadada kuwa caqligoodu liito, xaqana ku aqoonsada dadka balse aan dadka ku aqoonsan [halbeegga] xaqa. Qofka garaadka leh wuxuu ku daydaa inta caqliga leh sayidkoodi Cali RC markii uu lahaa: Xaqa ha ku cabbirin dadka balse Xaqa aqoonso, dadkiisa adaa baran doona e". Waxgaradku xaqa ayuu aqoonsadaa, ka dibna ereyga laftiisa ayuu miisaamaa, ka dib haddii uu xaq yahay, wuu aqbalaa—qofka yiri [haddii uu doono] ha ahaado mid lunsan ama mid hanuunsan. Waxaaba suuragal ah in uu ku mintido sidii uu xaqa ugala soo dhex bixi lahaa hadallada liita ee kuwa lunsan, asaga oo maanka ku haya in dahabkaba laga dhex helo ciidda. Wax dhib ahna kuma jiraan haddii uu sarrifluhu gacanta galiyo kiishka kuwa lacagta faalsada ah ka shaqeeya, uuna dahabka saafida ah kala soo dhex baxo kan been-abuurka iyo khiyaanada ah haddii uu ku kalsoon yahay dhugmadiisa. Cidda loo diidayo in ay faalsalayda la tacaamusho waa reer tuuladka [aan khibradda u lahayn], ee ma aha sarriflaha xirfadda u leh. Damiinka aan dabaasha aqoonna looma oggolaado in uu xeebta dhaafo, halka dabaalyaqaanka buuniga ah aan loo diidayn. Ilmaha yari in uu abeesada taabtana waa loo diidaa balse midka dadka ku tufa ee abeesaqaadka ah cidi uma diiddo.

Cimrigay ha raagee, markii badi dadku ay ismoodeen kuwo fahmo badan, buuniyaal ah, garaadkoodu buuxo, qalabkuna u dhan yahay, oo ay xaqa iyo baadilka kala sooci karaan, hanuunka iyo habawsanaantana ay kala garan karaan, ayaa waxaa waajib noqotay in albaabkaas la awdo, dadkana guud ahaanba laga reebo akhrinta buugaagta ay qoreen kuwa lunsan. Maxaa yeelay, haddii aafadaan aan xusnay ay ka cayntaan, waxaysan sina uga baxsan karin midda labaad ee aynu sheegi doonno.

Kuwo aanay cuquushoodu hanan aqoonta, garashadooduna aanay gaarin heerarka ugu sarreeya madaahibta, ayaa waxay nagu cambaareeyeen qaybo ka mid ah hadallo ku dhex firirsan buugaagta aan ka qornay siraha culuumta Diinta. Waxay ku andacoodeen in oraahyadaasi ay ka mid yihiin hadalladii faylasuufyadii hore, ayada oo ay jirto qaarkood inay ahaayeen kuwo maankaygu uu curiyay. Wax fogna ma aha in qoobka la isla helo [oo laga sinnaado waxyaabaha qaar curintooda.], qaarkeedna waxaaba laga helayaa kutubta culuumta shareecada, inta ugu badanna waxay macne ahaan ugu sugan tahay kutubta suufiyaasha. Kaba soo qaad in waxaasi ay ku qoran yihiin buugaagta faylasuufyadii hore oo keli ah—haddii uu hadalkaasi iskii caqligal u yahay, caddaynna lagu xoojiyay, Kitaabka iyo Sunnadana uusan garab marsanayn, maxaa keenaya in la fanteeyo oo laga tago?! Haddii aan dhaqankaas irridda u furno, horseednna aan u noqonno in laga dido xaq walba oo uu qof lunsan maankiisu inooga horreeyay, waxaan ku qasbanaanaynaa in aan ka cararno wax badan oo xaq ah iyo in aan ka didno qayb ka mid ah aayadaha Qur'aanka, xadiisyada Rasuulka SCW, sheekooyinkii Salafka, ereyadii murtileyda iyo Suufiyada—illeen ninka qoray kitaabka "*Ikhwaan as-Safaa*" ayaa kitaabkiisa ku qoray asaga oo daliishanaya, kuna laxawsanaya laabaha doqommada si uu baadilkiisaa ugu soo jiido. Taasi waxa ay keenaysaa in kuwa lunsani ay xaqa inaga faramarooqsadaan iyaga oo buugaagtooda ku dhexdhigaya [si aan uga baydadno wax walba oo xaq ah oo ku dhex jira].

Darajada ugu hoosaysa ee aqoonyahanku waa in uu

ka duwanaado caamayga aan khibradda lahayn—ilaa heer uusan ka wiswisin malabka xataa haddii uu ugu yimaaddo asaga oo ku jira dhalada ka wax tooba, ee uu hubaa in shaygaasi uusan malabka laftiisa waxba ka beddelayn. In uu qofku ka didana waxaa ugu wacan jahliga caammada oo ka dhashay: dhalada toobniinka waxaa loo sameeyay in lagu soo jiido dhiigga oo ah wax la qurunsado, markaas ayaa uu u qaadanayaa in dhiigga loo qurunsanayo in uu dhaladaa ku jiro, mana garanayo in dhiigga loo qurunsanayo tilmaan laftiisa ku sugan, maadaama malabku uusan tilmaantaas wadanna, weelkii dhiigga lagu shubi jiray in uu ku jiraa ma siinayso awoodda tilmaantaas, sidaas darteedna ma aha in loo xukmiyo qurunnimo.

Arrintaani waa ismoodsiis baadil ah, dadka badidi-isana laga helo. Mar walba oo aad u sheegtid in hadalka aad leedahay uu yiri qof ay wax wanaagsan ka aammin-san yihiin, waa ay aqbalaan, xataa haddii uu baadil yahay. Haddii aad u sheegtid in weedhaa uu leeyahay qof ay wax xun ka aaminsan yihiinna, waa ay diidayaan, xataa haddii uu xaq yahay.

Weligoodba xaqa ayay ragga ku aqoonsadaan ee ragga kuma aqoonsadaan xaqa, waana habowga halkii ugu dambaysay.

Tani waa aafadii raddinta.

Aafada labaadi, waa aafada aqbalidda: qofkii akhriya kitaabbadooda, sida "*Ikhwaan as-Safaa*" iyo kuwa la midka ah, indhahana saara murtida Nebiga iyo ereyada Suufiyada ee ay ku mileen, waxaa suuragal ah in uu u bogo oo aqbalo, wanaagna uu ka aamino, uuna degdeg iskaga aqbalo baadilkii ay xaqa ku walaaqeen—bacdamaa uu u hayo niyad wanaag uu ka dhaxlay wixii uu arkay ee uu u bogay, taasina waa qaab baadilka la isugu soo dabayo.

Aafadan darteed, ayaa waxaa waajib ah in dadka looga digo akhrinta buugaagtooda, maxaa yeelay waxaa ku jira halis iyo dhagar. Sida ay waajib u tahay in qofka aan dabaasha aqoon laga ilaaliyo meelaha lagu siiban karo ee xeebaha, ayaa ay faral u tahay in dadkana laga ilaaliyo akhrinta buugaagtaas.

Sida ay waajib u tahay in carruurta laga ilaaliyo taabashada abeesooyinka, ayaa ay waajib u tahay in dhegaha dadka laga ilaaliyo ereyadaasi inay ku dhacaan. Sidaa oo kale, sida ay waajib ugu tahay abeesaqaadka qaniinyada abeesada ku tufaa in uusan abeesada ku qaadin wiilkiisa yar hortiisa, haddii uu ogaado in uu ku dayanayo oo uu u malaynayo in uu la mid yahay aabbihii, ee ay tahay in uu uga digo, waa in uu isagu ka feejignaadaa oo uusan hortiisa ku qaadin. Sidaa oo kale ayay caalimka xeeldheeraha ah waajib ugu tahay in uusan hadallada duulkaa dadka dhex keenin.

Marka tuflaha buuniga ahi abeesada uu qabto, sunta iyo dawadeedana uu kala sooco, oo inta uu daawada la soo baxo uu suntana ka takhalluso, uma furna in uu kala masuugo qofka u dhibban dawadaas.

Sidaas oo kale, sarriflaha indheergaradka ah marka uu gacanta galiyo kiishka faalsoolaha, ee uu dahab saafi ah oo soocan kala soo baxo, faalsadana uu bannaanka ku daadiyo, uma furna in uu intii wanaagsanayd ee la rabay kala bakhaylo ciddii u baahnayd. Caalimkuna waa la mid.

Haddii qofkii dawada sunta u baahnaa uu ka santaago isticmaalkeeda, bacdamaa uu ogaaday in dawada laga soo saaray abeesada oo ah hoygii sunta, waxaa waajib ah in la fahansiiyo. Faqiirka xoolaha u baahanna haddii uu diido in uu qaato dahabkii laga soo bixiyay kiishkii faalsoolaha, waxaa waajib ah in lagu baraarujiyo diidmadiisu inay tahay jaahilnimo aan biyo ismarin, sababna ay u noqonayso in dheeftii uu raadinayay ay seegto, sidaa oo kalana ay waajib tahay in la fahansiiyo wada-oolka faalsada iyo dahabka fiicani in aanay kan fiican faalso ka dhigayn, sida aanay ka faalsadaaba uga dhigayn mid sax ah.

Sidaa oo kale xaqa iyo baadilka wada yaallaa, xaqa kama dhigayso baadil, sida aysan baadilkana uga dhigayn xaq.

Intaa ayay ku dhan tahay wixii aan rabnay in aan ka xusno aafada falsafadda iyo fasaadkeeda.

AL-MUNQID 44

FAALLAYNTA MAD-HABTA TACLIINTA IYO HALISTEEDA

Markii aan ka faraxashay cilmiga falsafadda barashadiisa, fahmiddiisa, iyo cambaaraynta baadilka ku dhex jira ayaan ogaaday in uusan isna i gaarsiinayn yoolkii aan u socday, caqliguna uusan ahayn mid ku keliyoobi kara koobidda wax walba oo loo baahan yahay, masalooyinka adag oo dhanna uusan daaha ka wada faydi karin. Waxaa jirtay in ay soo ifbaxeen ururkii mad-habka *Tacliimiyada*, la islana dhex qaaday in ay leeyihiin: imaamka gefka ka ilaashan, xaqa hirgalintiisana u taagan, ayaa yaqaanna macnaha ay arrimaha diintu xambaarsan yihiin. Markaas ayaa waxaa igu dhalatay in aan waxa ay leeyihiin baaritaan ku sameeyo, si aan u ogaado waxa kolayga ugu jira, dabadeetana waxaa dar Alle isugu soo beegmay go'aankaygaan iyo amar aan laga leexleexan karin oo Khaliifka Muslimiinta xaggiisa ka yimid, kaas oo ah in aan qoro kitaab daaha ka faydaya xaqiiqada mad-habtooda. In aan aqbalo wax aan ahayn ma awoodi karin, amarkaasina wuxuu ii ahaa dhiirrigalin bannaanka iiga timid, go'aankaygi hore ee ii qarsoonaana sii xoojisay. Durba waxaan bilaabay in aan ururrsado buugaagtooda iyo in aan meel isugu keeno masalooyinkooda.

Hore waxaa ii soo gaaray qaybo ka mid ah oraahyadooda ay dhowaan ka qoreen fikradaha dadka sebankaan dhaqan, aan kuna salaysnayn manhajka kooxahoodi hore looga bartay. Ereyadaas ayaan meel isugu keenay, waxaanna isugu aaddiyay si habaysan, aniga oo xaqiijin ku samaynaya, ilaa aan dhammaantood ka jawaabay. Dadka xaqa ku taagan qaarkood ayaa igu dhaliilay sida aan ugu dheeraaday qaabka aan xujooyinkooda u kala dhigdhigayo, waxayna igu dhaheen: "Duulka ayaabad u shaqaynaysaa, oo tabar uma aanay hayn in ay mad-habtooda ugu hiiliyaan xayaabooyinkaan oo kale—adiga ayaa u xaqiijiyay, isuguna aaddiyay!"

Dhaliishaan markii dhinac laga eego waa gar, oo waa tii Axmed ibnu Xanbal uu ku inkiray Xaarith al-Muxaasibi markii uu qoray buug uu ku raddinayay Muctasilada—*raximahumullaah*. Xaarith ayaa kolkaa ugu jawaabay: "In bidcada la cambaareeyo waa faral", kolkaas ayaa Axmed ugu warceliyay: "Haa, laakiin bilowga waxaad ka warrantay xayaabadooda, ka dib ayaadna ka jawaabtay. Haddaba, sidee uga cayman kartaa qofkii shubhadaa akhriya, fahmaddiisu ay ku dhegto, jawaabtana aan dheg jalaq u siin ama inta jawaabta eego aan fahmin nuxurkeeda?"

Axmed ibnu Xanbal waxa uu sheegay waa gar, laakiin, waa marka shubhadu aanay fidin, ee aanay caan noqonnin, haddiise ay faaftay, in jawaab laga bixiyo ayaa waajib ah, haddii aan laga warraminna lagama warcelin karo. Haa, waxaa wanaagsan in aan la isku dhibin ka warramidda wax aanay ayaguba isku kallifin; aniguna taa oo kale iskuma aanan shiddayn, waxaanse shubhadaas ka maqlay mid ka mid ah ardaydaydi casharrada iigu soo noqnoqon jirtay oo ayaga ka mid noqday, mad-habtoodana raacay, wuxuuna ii sheegay in ay ku qosli jireen buugaagta ay qoraan qoraayada raddintooda isku hawlay, waxayna dhihi jireen "weli ma aanay fahmin xujadayada". Intaa ka dib ayuu xujadaas ii sheegay, aniguna naftayda ugama aanan raalli noqon in la ii maleeyo in aan moogganahay asalka xujadooda, sidaa darteed ayaanna u soo gudbiyay, sidoo kale waxaa ii cuntami wayday in la ii maleeyo in aan xujadooda maqlay balse aanan fahmin, sidaa darteed ayaanna ugu farayaraystay.

Ujeedkaygu waxa weeye in aan shubhadooda u kala dhigdhigay awooddaydu intii ay gaari kartay, dabadeetana aan faasidnimadeeda ku caddeeyay xujada ugu xeeldheer.

Isku soo duub oo, duulkaani waxba islama hayaan, hadalkooduna wax nuxur ah ma laha. Haddii aanay jirteen saaxiibka jaahilka ahi in uu u hiiliyay, bidcadan tabarta yari heerkaa ma aanay soo gaarteen. Laakiin, aragti-u-hiilinta (*tacasub*) aadka u daran ayaa waxay kuwa xaqa daafacaya ku xambaartay in ay dheereeyaan muranka ay kala galayaan gundhigga dooddooda, iyo in ay ku qabsadaan wax walba oo ay ku hadaaqaan. Markaas ayaa waxay ku qabsadeen sheegashadooda oranaysa: *Barasho* iyo *Bare* ayaa loo baahan yahay, iyo midda leh: Bare kasta kuma habboona ee waxaa lamahuraan ah bare gef ka ilaashan (*macsuum*). Xujada ay u haystaan in barasho iyo bare loo baahan yahay, way xoog badan tahay, kuwa ku diiddan ee ka soo horjeeda dooddooduna waa ay tabar daran tahay, taas oo ay ku kadsoomeen qolyo u maleeyay in ay tani daliil u tahay in duulka mad-habtoodu ay xoog badan tahay, dadka ka soo horjeeda tooduna ay tabar daran tahay, mana aanay fahmin in waxa ay u jeedaani ay tahay tabardarrada kuwa xaqa u hiilinaya iyo sida aanay tubtiisa u aqoonnin.

Sida saxda ahi waa in la garowsado in bare loo baahan yahay, barahaasna ay lamahuraan tahay in uu gefka ka dhowrsanaado—laakiin, macallinkayaga dhowrsani uu yahay Muxammad SCW. Haddaba, haddii ay ku doodaan: wuu dhintay. Waxaan ugu jawaabaynaa: macallinkiinnuna wuu maqan yahay. Haddii ay markaa dhahaan: macallinkaygu wuxuu wax baray daaciyaasha, arlada ayuuna u kala diray, wuxuuna sugayaa in uu dib u eegis ku sameeyo haddii ay iskhilaafaan ama ay wax ku adkaadaan— waxaan ugu warcelinaynaa: macallinkayaguna daaciyaasha ayuu wax baray, arlada ayuu u kala diray, waxbaristiina wuu dhammaystiray, Alle—sarreeye— ayaana yiri: "Maanta ayaan diintiinna idiin dhammaystiray, nimcadaydana waan idiin ebyay (اليَوْمَ أَكْمَلْتُ لَكُمْ دِينَكُمْ وَأَتْمَمْتُ عَلَيْكُمْ نِعْمَتِي)", mar haddii waxbaristu ay dhammaystirantayna, dhib kuma aha in macallinku uu dhinto, sida aanay dhib ugu ahayn in uu maqnaado.

Intaa ka dib, waxaa haraysa weydiintooda ah: sidee ayaad u xukumaysaan wax aydaan maqlin? Ma nas[1] aydaan maqlin baad adeegsanaysaan mise aragti lagu fakaro (*ijtihaad*) oo ah wax lagu kala duwanaan karo?

Waxaan ugu jawaabaynaa: waxaan samaynaynaa sidii uu Mucaad falay kolkii uu Rasuulku SCW u diray Yaman ee uu amray in uu naska ku xukumo haddii uu jiro, haddii uusan jirinna ijtihaad. Waxaan samaynaynaa sida ay sameeyaan daaciyaashoodu marka ay ka fogaadaan imaamka ee ay tagaan dhul aad u durugsan. Kaa oo kale suuragal ma aha in uu nas wax ku xukumo, maxaa yeelay, nusuusta[2] koobani ma dabooli karto dhacdooyinka oo aan koobnayn, mana suuroobayso in dhacdo kasta loo soo aado halkii uu imaamku joogay, haddii ay dhacdana inta uu soo socdo ee uu sii socon doono ayaa qofkii jawaabta rabayba dhimanayaa, soo noqoshadiisana waxba laga dheefi maayo.

Qofkii qiblada garan waaya, in uu ijtihaad ku tukado mooyaan e, wadiiqo kale uma furna, haddii uu magaaladii imaamka u aado in imaamku uu qiblada u sheegana, salaaddii ayaaba ka tagaysa. Haddaba, haddii ay u bannaanaatay in uu salaadda u tukado meel aan qiblada ahayn oo uu u maleeyay—waxaana la yiraahdaa "qofka ijtihaadka ku gefa, wuxuu leeyahay hal ajar, kii asiibana labo ajar"—, wax kasta oo lagu ijtihaadi karana waa sidaa oo kale.

---

1 Nas: aayad Qur'aan ama xadiis [Turjumaha].
2 Nusuus: waa wadarta *Nas* [Turjumaha].

Waxaa la mid ah: waxaa la isfaray in sakada la siiyo qof faqiir ah, kolkaa buu [sako-bixiyihii] siiyay qof hodan ah oo xoolihiisi qarsaday asaga oo faqiir u malayna, waxba loo raacan maayo [sako-bixiyaha], qaladba arrintaasi ha ahaato e. Maxaa yeelay, wixii malihiisu uu bado ayaa loo tixgalinayaa. Haddii uu ku doodo: malaha qofka asaga ka duwani wuxuu la mid yahay malihiisa. Waxaan kaga warcelinayaa: waxaa la faray in waxa uu laf ahaantiisa maleeyo uu ku dhaqmo, sida: qofka qiblada raadinaya, halkii uu u moodo ayuu u jeesanayaa, qayrkiiba ha kaga duwanaadeene. Haddii uu ku doodo: Qofka muqallidka[3] ah ma wuxuu raacayaa Shaafici, mise Abuu Xaniifah, mise cid kale? Waxaan leeyahay: qofka muqallidka ah haddii uu qiblada garan waayo, dadkii ijtihaadayay ee aqoonteeda lahaana ay ku kala duwanaadaan, maxaa la gudboon? Wuxuu oran doonaa: wuxuu xaq u leeyahay in uu ku dedaalo (*ijtihaado*) garashada kan ugu wanaagsan, uguna badiya astaamaha qiblada lagu garto, midkaa ijtihaadkiisa ayuu ku raacayaa— haddaba, madaahibtuna sidaa oo kale weeye.

Nebiyadii iyo imaamyadii ayaaba dadka u diray ijtihaadka—waana lamahuraan— iyaga oo ogsoon in ay gefi karaan, Nebiguna SCW waa tii uu yiri: "Anigu waxaan ku xukumayaa waxa muuqda, waxa qarsoonna Alle ayaa ku filan." Hadalkaa oo macnihiisu yahay: anigu waxaan wax ku xukumayaa sida maluhu u badan yahay ee ka dhalatay hadalka markhaatiyaasha, in ay qaldameenna waa suuragal. Ma jirto dariiq ay Nebiyadu

---

3 Muqallid: Qof *taqliid* samaynaya oo aan iskii go'aan u gaarayn ee cid ku dayanaya [Turjumaha].

uga baxsan karaan gef ka yimaadda ijtihaadkaan oo kale, haddaba, sidee loo quuddarraynayaa in ijtihaadku uu gef la'aan noqdo?

Halkaan kolka la joogo, labo weydiimood ayay qabaan: mid waa weedhooda ah "haddii ay tani sax ku noqoto ummuuraha lagu ijtihaado, gundhigyada caqiidada sax kuma noqonayso, maxaa yeelay, qofka ku gefa cudurdaar ma leh ee haddaba maxaa xal ah? Waxaan ka leeyahay: gundhigyada caqiidooyinka Kitaabka iyo Sunnada ayaa sheegay, wixii ka soo haray ee faahfaahin ah, laguna muransan yahay, waxaa midka xaqa ah lagu garanayaa in la saaro halbeegga caddaaladda ah ee toosan. Waa halbeegyo uu Alle—sarreeye— ku xusay Kitaabkiisa, waana shan aan ku sheegay kitaabka *al-Qisdaas al-Mustaqiim* (القسطاس المستقيم). Haddii uu yiraahdo: dadka kaa aragti duwan, way kugu khilaafsan yihiin halbeeggaas. Waxaan ka leeyahay: suuragal ma aha in uu halbeeggaa fahmo, dabadeetana uu khilaafo, mad-habka *Tacliimiyada* kuwa haystana ma diiddana, maxaa yeelay, waxaan kala soo dhex baxay Qur'aanka, asagaanna ka bartay. Dadka mandiqa bartayna ma khilaafsana, maxaa yeelay, wuxuu waafaqsan yahay shuruudihii ay mandiqooda ku sheegeen, mana uu khilaafsana. Sidaa oo kale mutakallimkuna ma diiddana, maxaa yeelay, wuxuu raacsan yahay waxa uu ku sheegayo daliillada aragtiyaha, kuwaas oo lagu aqoonsado runta marka *Kalaamka* la joogo.

Haddii uu dhaho: gacantaada haddii uu ku jiro miisaan kan oo kale ah, maxaad khilaafka uga dhex saari wayday dadka? Waxaan ka leeyahay: Haddii ay i maqlayaan, khilaafka waan ka dhex saari lahaa, jidka khilaafka lagu ciribtiri karana waxaan ku sheegay kitaabka *al-Qisdaas al-Mustaqiim*, dhugo si aad u ogaatid in uu xaq yahay, si kama-dambays ahna uu khilaafka u baabbi'inayo—waa haddii ay wax maqlayaan, ayaga oo dhanna u dhegraaricin mayaan! Balse, waxaa jirta koox i dhegaysatay, khilaafkii u dhexeeyayna aan ka dhex saaray. Oo imaamkaaguba wuxuu doonayaa in uu khilaafka ka dhex saaro ayaga oo aan wax ka maqlin e, muxuu ilaa iyo hadda u baabbi'in la' yahay? Calina RC muxuu u ciribtiri waayay asaga oo imaamyada madaxooda ahaa? Ma wuxuu ku andacoonayaa in uu qasab wax ku maqashiin karo dhammaantood—haddaba muxuu ilaa iyo hadda u dhammayn waayay? Goorma ayaase uu u dib dhigtay? Dacwadiisa darteed miyaan dadka khilaafkii ku sii badan, dadka asaga diiddanna aanay badannin? Haa!

Waxaa laga baqayay in khilaafku uu keeno nooc dhibaato ah oo aan horseedin dhiig daata, dhul burbura, carruur agoon noqota, jidgooyo, iyo in xoolaha dadka la boobo. Waxa khilaaf caalamka ka dhacay oo barakada khilaaf baabbi'intiinnu ay keentay waa wax aan hore loo arag.

Haddii uu yiraahdo: waxaad ku andacoonaysaa in aad uumiyaha ka ciribtiraysid khilaafka, laakiin qofka ku dhex wareersan madaahibta iska soo horjeedda iyo khilaafyada is-horyaalla, maxaa ku qasbaya in uu adiga ku maqlo, dadka kaa soo horjeedana uusan dheg u dhigin, waxaadna leedahay lid kaa aragti duwan, ayaga iyo adigana wax farqi ah idiin ma dhexeeyaan.

Tani waa weydiintooda labaad, waxaanna ka leeyahay: ugu horrayn, tani adiga ayay kugu soo noqonaysaa; haddii aad ruuxaa wareersan mad-habtaada ugu yeertid, wuxuu ku oranayaa: maxaad kaga mudan tahay kuwa kaa aragti duwan, aqoonyahanka intooda ugu badanna way ku khilaafsan yihiine? Hayaay! Bal maxaad ugu jawaabi? Ma waxaad ku oranaysaa: imaamkayga nas baa sheegay?! Haddaba, yaa sheegashadaa naska kaa rumaysanaya asaga oo aan Rasuulka ka maqal naskaan balse waxa keli ah ee uu maqlay ay tahay sheegashadaada oo ay barbar socoto in ahlul cilmigu ay isku raacsan yihiin in aad adigu samaysatay oo aad beenlow tahay? Kaba soo qaad in uu naskaa kuu aqbalay, ka warran haddiiba uu ku wareersan yahay asalka nebinnimada oo uu ku yiraahdo: ka soo qaad in imaamkaagu uu leeyahay mucjisadii Ciise CS, uuna dhaho: waxaa runnimadayda daliil u ah in aan aabbahaa soo nooleeyo, sidaana uu ku soo nooleeyo oo uu abbahay ii sheego in uu xaq ku taagan yahay, maxaan ku ogaanayaa in uu run ii sheegay ayada oo ay jirto in uumiyaha oo dhami aanay runnimada Ciise CS ku ogaan mucjisadaan? Taa beddelkeeda su'aalaha adag ee ku hareeraysan waxaa ka mid ah kuwo aan looga dawoobayn wax aan ahayn xujo caqliyeed oo aad u gundheer; xujada caqliguna agtaada kama aha wax lagu kalsoonaan karo, mucjisadu in ay runnimada sheegaysana lama garan karo haddii aan sixirka la aqoonsan, asaga iyo mucjisadana aan la kala soocin, iyo in la ogaado in Alle uusan baadiyayn addoommadiisa; su'aasha baadiyaynta ku jirta iyo in si waafi ah looga jawaabo in aanay sahlanaynna waa arrin la wada og yahay e, haddaba, intaas oo dhan maxaad kaga jawaabaysaa, mar haddii imaamkaagu in la raaco uusan ka mudnayn dadka ka aragti duwan? Kolkaa wuxuu dib ugu noqonayaa daliillada caqliga ee uu inkirayo, kan ka aragti duwanna daliilladaa oo kale iyo kuwo ka sii cadcad ayuu asna dhankiisa ka soo jeedinayaa. Weydiintaani asaga ayay si weyn dib ugu noqotay, haddii koodii hore iyo koodii dambana ay isu bahaystaan in ay wax jawaab ah u helaanna, ma awoodaan.

Fasaadku wuxuu ka yimid koox tabaryar oo la doodday, huurna aan iska saarin in ay weydiintooda ku dabageddiyaane, warcelin uun isku kallifay, taasina waa waxa uu hadalku la jiitamo, ee aan durba loo fahmin, ku jiqsiintana aan ku habboonayn.

Haddii uu midi yiraahdo: waa tan dabageddintiiye, wax jawaab ah ma u haysaa? Waxaan dhihi: haa, jawaabtiisu waa— qofka wareerka ku sugan haddii uu yiraahdo: waan wareersanahay, masalada uu ku wareersan yahayna uusan qayixin, waxaa lagu oranayaa: waxaad la mid tahay: qof jirran oo leh: waan xanuunsanahay, meel laga hayo aan sheegayn, haddana in la daweeyo dalbanaya. Waxaa lagu oranayaa: dunida laga soo heli maayo dawo cudur walba lagu dabiibo, laakiin waxaa la helayaa dawo cudur la yaqaanno lagu daweeyo, sida: madax xanuun, shuban, iyo wixii la mid ah. Sidaa oo kale qofka wareersan, waxaa haboon in uu sheego waxa uu ku wareersan yahay. Haddii uu sheego halka uu ku wareersan yahay, waxaan xaqa ku garansiinayaa aniga oo ugu miisaamaya halbeegyadii shanta ahaa ee qofkii fahma uu garwaaqsanayo in uu yahay halbeeggii xaqa ahaa, ee lagu kalsoonaanayo wax walba oo lagu cabbiro. Markaa halbeegga ayuu fahmayaa, waxa lagu cabbiray natiijadiisu in ay saxan tahayna wuu fahmayaa, si la mid ah sida qofka cilmiga xisaabta barta uu u fahmo xisaabta lafteeda, xisaabyaqaanka macallinka ahna uu u yahay qof xisaabta yaqaanna oo ka run sheegaya. Arrintaas waxaan ku qaadaadhigay buuggayga *al-Qisdaas al-Mustaqiim*, wax ku dhow labaatan warqadood ee fiiro ha loo yeesho.

Haatan uma socon in aan caddeeyo sida uu mad-hadbkoodu u kharriban yahay, ugu horraynna waxaan taa ku sheegay buugga *al-Mustad-hari* (المستظهري), mar labaadna kitaabka *Xujat al-Xaq* (حجة الحق) oo ah jawaab aan ka bixiyay hadallo ay leeyihiin oo la iigu soo bandhigay Baqdaad, mar saddexaad ayaan kaga hadlay kitaabka *Mufasil al-Khilaaf* (مفصل الخلاف) oo labo iyo toban cutub ah, waana jawaab aan ka bixiyay hadal ay leeyihiin oo la ii soo bandhigay aniga oo jooga Hamadaan, mar afaraadna buugga *ad-Duraj/ ad-Daraj al-Marquum bil Jadaawil* (الدرج المرقوم بالجداول)[4], waxaanna ku soo qaatay hadalladooda kakan qayb ka mid ah oo la iigu soo bandhigay Duus, mar shanaadna waxaan kaga hadlay kitaabka *al-Qisdaas al-Mustaqiim* oo ah kitaab madax bannaan, ujeedkiisuna yahay caddaynta halbeegga culuumta iyo in la muujiyo in qofkii halbeegyadaas koobaa uu ka maarmayo *Imaamka Ilaashan*.

Ujeedkaygu waxa uu ahaa in aan tilmaamo in duul-

---

4 Ma cadda in magaca buuggu yahay intaas oo dhan iyo in qaybta dambe ay tahay faahfaahin ku saabsan qaabka uu u qoray yahay: المرقوم بالجداول— oo jadwallo xisaab ah ku samaysan [Turjumaha].

kaani aanay haynin wax lagu dawoobo oo looga caynto mugdiyada aragtiyaha. Balse, ayaga oo ka gaabiyay in ay xujo u keenaan imaamka magacdhabiddiisa si kasta oo aan u jirrabnay, ayaan oggolaannay in aan u rumayno baahida loo qabo barashada iyo bare ilaashan, ahna midka ay ayagu magacaabeen, dabadeetana waxaan wax ka weydiinnay cilmiga ay ka barteen ruuxaan gefka ka ilaashan, waxaanna u soo bandhignay weydiimo, in ay xalliyaan ha joogto e, waa ay fahmi waayeenba! Kolkii ay ka tabardarreeyeen ayay nagu xawileen imaamka maqan, waxayna nagu yiraahdeen: waxaa lamahuraan ah in loo hayaamo halka uu jiro. Waxa yaabka leh waxa weeyaan, in ay cimrigoodi ku dhammeeyeen baadigoobka macallinkaas iyo ku faanidda soo heliddiisa, gebi ahaanna waxba kama aanay baran, ee waxay ka dhigan yihiin sidii qof ku dhabooqan najaaso, dabadeetana ku daalay sidii uu biyo u heli lahaa, kolkii uu helayna aan adeegsan ee qurunkii weli ku sii dharooban!

Waxaa ka mid ah ku sheegtay in uu cilmigooda wax ka hayo, dabadeetana wixii uu sheegay oo dhami ay noqdeen xoogaa kakan oo falsafaddii Baaythaagoras (*Pythagoras*) ah, waana nin ka mid ah faylasuufyadii hore kuwoodii ugu horreeyay, mad-habtiisuna ay tahay tan ugu kakan madaahibta falsafada, waxaana raddiyay Arisdaadaaliis oo xataa hadalkiisa wax kakan oo qaabdaran in uu yahay ku tilmaamay, waana qofka uu soo xiganayo buugga *Ikhwaan as-Safaa* oo dhab ahaantii ah buunshadii falsafadda.

Waxaana wax lala yaabo ah qof cimrigiisa oo dhan ku daalaya sidii uu cilmi u kasban lahaa, haddana ku qancaya waxaa kakan ee daadxoorta ah, dabadeetana moodaya in uu ku guulaystay oo uu gaaray halka ugu sarraysa ee yoolka culuumtu ahaa! Kuwaan laftigooda waan tijaabinnay, si wacanna waan u qodqodnay waxa ay muujisanayaan iyo waxa ay qarsanayaan, waxayna isugu biyashubteen in ay caammada iyo dadka maan-gaabka ah ku soo dabtaan caddaynta in loo baahan yahay *Baraha*, iyo in ciddii diidda baahida loo qabo *Baridda* (*Tacliinta*) ay kula doodaan hadal culus oo qof-ka aamusiinaya, ilaa marka uu qof ugu kaalmeeyo baa-hida loo qabo *Baraha* oo uu ku yiraahdo: keen cilmigiisi oo wixii uu ku baray wax nooga faa'iidee— waa uu joog-sanayaa, waxa uuna oranayaa: mar haddii aad intaa iga aqbashay, adigu raadso, ujeeddadayduna intaas ayaa ay ahayd. Maxaa yeelay, waxa uu og yahay in uu cee-boobayo haddii uu intaa wax ka badan sheego, tabar-na uusan u hayn in uu ka jawaabo su'aalaha ugu fudud, jawaabiba ha dambayso e maba awoodo in uu fahmo su'aasha.

Xaqiiqada xaalkoodu waa sidaa, adiguba ka wardoon, adaa ka didi doona e, annaguna kolkii aan xogtooda soo helnay ayaan gacmaha ka jafjafannay.

AL-MUNQID 58

DARIIQOOYINKA SUUFIYADA

Markii aan ka faraxashay culuumtan, ayaan himmaddayda oo dhan u jeediyay tubta Suufiyada, waxaanna ogaaday in tubtoodu ay ku dhammaystiranto aqoon iyo camal. Isugeynta cilmigooduna waxa uu noqday: caqabadaha nafta oo la gooyo, iyo dhaqammadeeda xun iyo tilmaamaheeda qurunka ah oo laga hufnaado, ilaa la gaaro in qalbiga laga faaruqiyo wixii Alle ka soo haray, laguna qurxiyo xuska Alle.

Aqoonta ayaa iiga fududayd cibaadada. Markaa waxaan ka bilaabay in aan cilmigooda ka barto akhrinta kutubtooda, sida: *Quut al-Quluub* (قوت القلوب) oo uu leeyahay Abii Daalib al-Maki—Alle ha u raxariisto e, kitaabbadii Xaarith al-Muxaasibi, iyo murtida [kutubbada ku] dhex firiqsan ee laga soo wariyay: Junayd, Shibli, Abii Yaziid al-Bisdaami—ruuxdooda Alle ha daahiriyo e, iyo shuyuukhda kale, ilaa aan akhristay xaqiiqada yoolashooda cilmiyeed, aan kasbadayna wixii tubtooda ah ee aan ku heli karay barasho iyo dhegaysi. Dabadeetana, waxaa ii caddaatay in tilmaamahooda ugu gaarsan aan lagu gaari karin barasho ee lagu kasban karo *dawq* (ذوق)[1], *xaalad*[2] (الحال), iyo *tilmaamaha oo isbeddela* (تبدل الصفات). Weynaa farqiga u dhexeeya in aad ogaatid qeexitaanka caafimaadqabka, dheregta, sababaha keena iyo shuruudahooda, iyo in aad tahay qof caafimaad qaba oo dheregsan. Sidaa oo kale in aad garatid farqiga u dhexeeya qeexitaanka sakhraansanaanta, oo ah xaalad qofka ku dhacda marka ay maankiisa la wareegaan uumiyo caloosha ka yimid, iyo in aad sakhraansan tahay. Qofka sakhraansani ma garanayo qeexitaanka sakhraansanaanta, isaga oo sakhraansan wixii uu ka ogaadayna [hadhow] ogaalkaa waxba kama wato.

Dabiibku waa uu garanayaa qeexitaanka cudurka iyo tiirarkiisa isaga oo aan cudurka qabin. Dabiibku marka uu bukana waa uu garanayaa qeexitaaka caafimaadka, sababaha keena, iyo daawada loo adeegsado asaga oo haddana aan caafimaad qabin. Sidaa oo kale farqi ayaa u dhexeeya in aad taqaannid xaqiiqada saahidnimada, shuruudaheeda iyo sababaheeda, iyo in xaalkaagu yahay *suhdi*[3] iyo nafta oo adduunka laga dheereeyo.

Markaa ayaan si dhab ah u ogaaday in ay yihiin *ahlu axwaal* (dad xaaladeed) ee aanay ahayn duul hadla; wixii aan cilmi ahaan ku kasban karayna waan helay,

---

1 Dawq: dhadhansi—waa mid ka mid ah siyaasabaha ay Suufiyadu aaminsan yihiin in ogaal lagu gaari karo [Turjumaha].
2 Xaal: xaalad qalbiga ku timaadda iyada oo uusan qofku shaqo ku lahayn imaanshaheeda [Turjumaha].
3 Suhdi: adduunyada oo wax yar lagaga kaaftoomo [Turjumaha].

waxa ii laabanina waa wax aan lagu helayn maqal iyo barasho ee lagu hanan karo *dawq* (dhadhamin) iyo ku dhaqmid. Markii hore waxaa culuumtii aan bartay iyo toobiyayaashii aan soo qaaday ee baaritaanka iyo fatashidda culuumta sharciga ah iyo tan caqliga ah iiga xasilay: iimaan dhab ah oo [aan rumeeyay] Alle—sarreeye—, nebinnimada, iyo maalinta aakhiro.

Saddexdan asal ee iimaanku waxa ay aad ugu xasishay naftayda, daliil gaar ah oo kala dhidhiganna iiguma aanay sugmin ee sababo, calaamado, iyo tijaabooyin aan la soo koobi karin ayaan ku helay.

Waxaan kal hore garwaaqsaday in aan liibaan aakhiro lagu helayn wax aan ka ahayn: Alle in laga cabsoodo (*taqwo*), nafta in hawada laga afqabto, intaa oo dhan dariiqa lagu gaarayaana uu yahay in qalbiga laga jaro xiriirka uu adduunyada la leeyahay, in laga durko daarta kadsoonka, in daarta waaritaanka loo laabto, in himmad xaqiiqo ah loogu jeesto xag Alle—sarreeye— iyo in waxaa oo dhan aanay suuroobayn haddii aan dhabarka loo jeedin jacaylka xoolaha iyo magaca oo aan laga cararin hawlaha lagu mashquulayo iyo xiriirrada (waxyaabaha kugu meegaaran ee tubtaa kaaga gudban).

Intaa ka dib ayaan xaaladdayda eegay, waxaanna arkay in aan dhex maquuranayo xiriirro [igu gudban] dhinac kastana iskaga kay hareereeyay, haddana waxaan milicsaday camalladayda—tan ugu fiicanina ay tahay waxbaridda—, mise waxaan ku sii jeedaa cilmiyo aan muhiimad iyo waxtar toonna u lahayn tubta aakhiro.

Kolkaa ayaan ka fakaray niyadda aan casharrada ku

akhriyo, mise uma baraxtirna Alle dartii—sarreeye—ee waxa igu riixaya ee dabada iga wadaa waa magac jacayl iyo sumcad raadin. Markaa ayaan yaqiinsaday in aan dul joogo gebi dumaya qarkii, mar dhowna aan ku dhacayo haddii aanan isku hawlin sidii aan isu dabaqaban lahaa.

Muddo ayay arrintaasi igu taagnayd aniga oo weli ku jira heerkii kala xulashada; mar waxaan go'aansanayay in aan Baqdaad ka hayaamo, xaaladihii aan ku gudo jirayna aan maalin uun ka dhex baxo, maalinna waxaan burinayay go'aankaygaas; mar lug baan hore u qaadayay, mar kalana dib baan u dhigayay; haddii ay subax ii dhabowdo doonistayda aakhiro, waxaa duullaan ku soo qaadayay ciidanka shahawaadka oo fiidkii kala furfurayay.

Shahawaadka adduunyada ayaa silsiladahooda iigu jiidanayay dhanka joogitaanka, dhawaaqaha iimaankuna wuxuu ku dhawaaqayay: ka hayaan oo ka hayaan, cimrigii kama harsana wax yar mooyee, waxaana kaa horreeya safar dheer, dhammaan waxa aad ku dhex jirtid ee cilmiga iyo camalka ahna waa istustus iyo xarrago. Haddii aadan hadda aakhiro u diyaargaroobin, goorma ayaad diyaar noqonaysaa? Haddii aadan hadda jarin waxyaalaha kugu xiriira, goorma ayaa aad jaraysaa?

Kolkaa ayuu yeeruhu soo kaakacayaa, go'aankuna wuxuu ku guddoonsamayaa carar iyo baxsad.

Dabadeetana Shaydaanka ayaa soo laabanayay oo oranayay: tani waa xaalad soo duul ah ee iska jir yeeliddeeda, durbana way baabba'aysaaye. Haddii aad u hoggaansantid, aadna ka tagtid sumcaddaada ballaaran, xaaladdaadaan isugu kaa aaddan ee aan lahayn calow iyo qas toonna, iyo arrinkaagaan hagaagsan ee ka maran muranka nacabka, waxaa laga yaabaa in ay naftaadu dib u soo jamato, soonoqoshaduna ay kuu sahlanaan waydo.

 Sidaa ayaan ahaa muddo lix biloood ku dhow, oo ka bilaabatay bishii Rajab, sannadkii 488-dii, oo aan ugu dhex jiray isjiidjiidka adduunyo jacaylka iyo aakhiro-doonka. Bishaan ayay arrintu ka baxday heerkii doorashada, ayna u gudubtay xaalad aan ku qasbanaaday, ka dib markii Alle carrabkaygi ka xiray in uu cashar dambe bixiyo. Waxaan nafta ku dhibi jiray in aan hal cashar bixiyo, aniga oo qalbi dhowr uga dhigayay ardaydii igu xirnayd, saa oo ay tahay ayaa carrabkaygu kari waayi jiray in uu erey ku dhawaaqo, si kasta oo aan isugu kallifana, ma aanan awoodi jirin, arrintaanina waxay qalbigayga ku beertay murugo awooddii dheefshiidka iga kaxaysay, abateedkii cunto iyo cabbitaanna iga xirtay. Shurbad igama degayn, hal afgalisna ma aanan calaalin karin. Arrintani waxay igu keentay in aan tabardarreeyo, dhakhaatiirtiina ay ka quusteen daawayntayda, waxayna yiraahdeen: waxani waa arrin wadnaha degay, misaajkiisa ayuu ku fiday, umana hayno dawo aan ka ahayn in walbahaarka haystaa uu ka guuro.

 Markii aan si dhab ah u dareemay tabardarridayda, doorashadaydiina ay gebi ahaanba meesha ka baxday, ayaan Alle—sarreeye— u magansaday sida uu isugu dhiibo addoonka dhibaataysan ee xeelad kalana waayay, waxaana ii gargaaray Midka aqbala qofka dhibaataysani kolka uu baryo, wuxuuna qalbigayga u sahlay in uu ka sii jeesto jacaylkii aan u qabay: magaca, maalka, xaaska, carruurta, iyo saaxiibbada. Waxaan iska dhigay sidii qof Maka u socda, aniga oo isu diyaarinaya in aan Shaam[4] u safro, waxaanna sidaa u yeelay in aan iska ilaalinayay in Khaliifka iyo saaxiibbaday ay ogaadaan in aan go'aansaday in aan Shaam ku negaado. Waxaan adeegsaday xeelado qarsoon, si aan uga baxo Baqdaad, dib dambana aanan ugu soo laaban weligay. Culimadii Ciraaq oo dhan ayaa i beegsaday, illeen midkoodna ma suuraysan karin sabab diini ah oo keeni karta in aan mansibkayga banneeyo, waxayna la ahayd in heerkaa aan gaaray ay ahayd darajada ugu sarraysa Diinta, cilmigooda baana intaa ku koobnaa.

Intaa ka dib dadkii ayaa qaarba si u fasirteen. Qofkii joogay meel Baqdaad ka fog, waxay la ahayd in dhanka madaxda dawladda xoogaa madmadow ah nagu kala dhex jiraan; kuwii ka ag dhowaase waxay ogaayeen sida ay madaxdu iigu dhegganaayeen, isugu kay marmarayeen, iiguna celcelinayeen in aanan bixin, dabadeetana kolka ay arkaan sida aan uga siijeedo, madaxda warkoodana aanan dheg jalaq u siinayayn, ayaa ayana waxay dhahayeen: cirkaa looga soo dhacay! Arrintaanina ma laha sabab aan ka ahayn in ay ili ku dhacday Muslimiinta iyo bahdii culimada.

Sidaa ayaan Baqdaad uga ambabaxay, xoolihii aan lahaana waan qaybiyay, kala mana harin wax dhaafsiisan wax yar oo baahida daboola iyo raashinkii carruurta, maalka Ciraaq ka soo baxana, waxaan u arkayay in

---

4 Shaam: Dhulka hadda loo yaqaan Suuriya, Urdun, Lubnaan, Falasdiin [Turjumaha].

uu yahay mid lagu bixiyo danaha Muslimiinta, maadaama uu Muslimiinta waqaf u ahaa, rukhsaddaa ayaan ku dhaqmayay, xoolo ka xalaalsan oo uu caalimku carruurtiisa siiyana ma garanayn.

Dabadeed waxaan galay Shaam, waxaanna joogay ku dhowaad labo sano oo aan ku mashquulsanaa in aan keligay ahaado oo aan khalwo ku jiro, naftayda layliyo oo aan dedaalo, si aan naftayda u daahiriyo, habdhaqankayga u hagaajiyo, qalbigana aan u sifeeyo xuska Alle—sarreeye—, aniga oo u maraya habkii aan ka bartay kutubta Suufiyada. Muddo ayaa waxaan ku ictikaafi jiray masaajidka Dimishiq, manaaraddiisa ayaan saarnaan jiray maalintii oo dhan, albaabkeeda ayaanna soo xiran jiray.

Ka dib waxaan u soo guuray Bayt al-Maqdis, [Qubbatus] Sakhrah ayaan maalin walba gali jiray, albaabkana aan isku soo xiri jiray.

Intaa ka dib waxaa igu dhalatay u hiloobiddii gudashada faralka xajka, kaalmaysigii barakada Maka iyo Madiina, iyo booqshadii Rasuulka Alle SCW ka dib markii aan ka soo dhammaaday booqashada Khaliilkii Alle—*salawaatullaahi wasalaamuhuu calayhi*—dabadeetana waxaan u kicitamay dhulka Xijaas.

Ka dib dareen ayaa i jiitay iyo yeedhmadii carruurta ee ahayd in aan arladii ku soo noqdo, waanna ku soo noqday bacdamaa aan ahaa qofka ugu dambeeya ee raba in uu ku laabto, halkaasna waxaan sidii oo kale ku doorbiday in aan cidloodo, keligayna ahaado, qalbigana aan u sifeeyo xuska Alle.

Dhacdooyinka waayaha, hawlaha carruurta, iyo

baahiyaha nolosha ayaa mar walba caqabad ku ahaa rabitaankaa, tashuushna ku furi jiray xasilloonida khalwada. Mar mar dhif ah oo kala tagsan mooye e xaaladdu iima kala degi jirin, iyada oo ay taasi jirtase kama aanan quusan jirin—caqabadahaa iga riixi jiray waanse ku soo noqon jiray.

Sidaa ayaan ku sugnaa ilaa toban sannadood, waxaana khalwooyinkaas iigu faydmay arrimo aan la koobi karin lagana gungaari karin. Intan aan ka sheego si looga faa'iidaysto: waxaan si dhab ah u ogaaday in gaar ahaan ay Suufiyadu yihiin kuwa ku socda jidka Alle—sarreeye—, habnololeedkoodu uu yahay kan ugu wanaagsan, tubtoodu ay ugu toosan tahay, akhlaaqdooduna ay tahay midda ugu hufan. Iskaba daaye, haddii la kulmiyo garashada garaadleyda oo dhan, murtida murtiilayaasha oo dhan, aqoonta kuwa shareecada sirteeda daalacday— si ay wax uga beddelaan dhaqanka iyo akhlaaqda Suufiyada, tu ka wanaagsanna ay ku beddelaan, si ay yeelaan ma aanay garteen. Maxaa yeelay, xarakooyinkooda iyo xasilitaankooda, waxa ay muujinayaan iyo waxa ay qarsanayaan, giddigeed waxay ka soo dabqaataan nuurka nebinnimada, dunida guudkeedana laga heli maayo ilays dhaafsiisan midka nebinnimada oo la iftiinsan karo.

Isku soo wada duub oo, maxaa laga dhihi karaa dariiqo dahaaradeedu—oo ah shardigeeda koowaad— ay tahay in qalbiga si buuxda looga nadiifiyo wixii Alle—sarreeye—ka soo haray, furaheeda oo ka dhigan takbiirtii salaadda lagu xiran jirayna uu yahay in qalbiga gebi ahaanba lagu maansheeyo xuska Alle, halka ugu dambaysaana ay tahay in si buuxda loogu dhammaado Alle—sarreeye—?! Heerkaa ayaa ah kan ugu dambeeya marka loo eego waxa laga yaabo in uu soo hoos galo bilowga horaba doorashada iyo kasabka addoonka. Dhab ahaantiina, heerkaan ayaa ah bilowga dariiqa, waxa ka horreeyana waxay qofka caabidka ah uga dhigan tahay afaafkii irridda ka xigay.

Marka uu jidka cagta saaro ayaa waxaa u bilaabanaysa mukaashafooyinka[5] iyo mushaahadooyinka[6], xataa waxay soojeed ku arkaan malaa'igta iyo arwaaxda nebiyada, waxayna ka maqlaan codad, faa'iidooyinna way ka qaataan. Ka dib xaalkoodu wuxuu kor ugu kacaa arkidda sawirradaa iyo muuqaalladaa, waxayna u gudbaan darajooyin ay adag tahay in hadal lagu tilmaamo, qofkii isku daya in uu ereyo ku sheegana wuxuu ku dhacaa gef cad oo aan la iska dhowri karin.

Guud ahaan, waxay arrintu ku dhammaataa dhowaansho, ay kooxi ku sigato in ay mooddo in uu ka mid yahay dhexdegga (al-*xuluul*), kooxna midow (*al-itixaad*), kooxna gaarid (*al-Wusuul*), intaa oo idilna waa qalad. Halka uu gefku kaga jirana waxaan ku faahfaahinnay buugga *al-Maqsid al-Asnaa* (المقصد الأسنى); waxa laga doonayo qofkii ay arrintaas oo kale la soo gudboonaato, waa in uu ku gaabsado in uu yiraahdo:

Wixii dhacay waxaan ka helay wax aanan sheegayn,
Khayr filo, hana i weydiin khayrkaasi wuxuu yahay.

---

5   In waxyaalaha qarsoon daaha looga faydo [Turjumaha].
6   In uu waxyaalo qarsoon arki karo [Turjumaha].

War wuxuu ku dhan yahay, qofkii aan waxaan qayb laga siin *dawq* ahaan, xaqiiqada nebinnimada kama yaqaanno wax aan magaceeda ka ahayn, waxaana xaqiiqo ah in karaamooyinka awliyadu ay tahay bilowga nebiyada. Bilowgii xaaladda Rasuulkii Alle SCW sidaa oo kale ayay ahayd, waa markii uu gali jiray buurta Xiraa, ee uu ku keliyoobi jiray Rabbigii uuna ku cibaadaysan jiray, ilaa Carabtii ay dhaheen: Muxammad wuxuu caashaqay Rabbigiis!

Xaaladdaan waxaa hubaasheeda *dawq* ku hela qofka qaada tubteeda. Qofkii aan *dawq* lagu arsaaqinna, wuxuu ku hubsadaa tijaabo iyo maqal—waa haddii uu badsado la joogga duulkaan e, uuna arrintaa si dhab ah ugu fahmo calaamadaha xaaladaha la soo gudboonaada. Qofkii la fariistaana iimaankaas ayuu ka dheefaa. Waa duul qofkii la fariista uusan guuldarraysanayn. Qofkii aan nasiib u helin in uu la saaxiibana, ha ogaado in ay taasi suuragal tahay, loona hayo daliillo cad oo aan ku sheegnay cutubka *Cajaa'ibta Qalbiga* (عجائب القلب), oo ka mid ah cutubyada *Ixyaa Culuumiddiin* (إحياء علوم الدين).

In xujo wax lagu hubsado, waa *cilmi*, in xaaladda ayada ah lala falgalana, waa *dawq* (dhadhamin), maqalka iyo tijaabada oo male wanaagsan lagu aqbalaana waa *iimaan*.

Intaani waa saddex darajo, "Alle wuxuu kor u dallacsiiyaa kuwa rumeeyay oo idinka idin ka mid ah, kuwa cilmiga lehna darajooyin ayuu kor u qaadaa (يَرْفَعِ اللَّهُ الَّذِينَ آمَنُوا مِنكُمْ وَالَّذِينَ أُوتُوا الْعِلْمَ دَرَجَاتٍ)."

Intaa waxaa ka dambeeya duul jaahiliin ah, oo asalka arrintaan inkirsan, lana yaabban hadalkaan, dhegaysanaya oo ku jeesjeesaya, waxayna leeyihiin: Yaab weeye! Eeg sida ay isaga daldalmayaan!

Ayaga oo kale ayuu Alle ka yiri: "Waxaa ka mid ah mid ku dhegaysanaya, kolkii uu kaa soo tagana, kuwa cilmiga leh ku oranaya: haddaayay, muxuu lahaa! Waa kuwa duulka uu Alle qalbigooda aabburay, hawadooda raacay...." ilaa "... uu dhego beeliyay, oo uu indhatiray

$$وَمِنْهُم مَّن يَسْتَمِعُ إِلَيْكَ حَتَّىٰ إِذَا خَرَجُوا مِنْ عِندِكَ قَالُوا لِلَّذِينَ أُوتُوا الْعِلْمَ مَاذَا قَالَ آنِفًا أُولَٰئِكَ الَّذِينَ طَبَعَ اللَّهُ عَلَىٰ قُلُوبِهِمْ وَاتَّبَعُوا أَهْوَاءَهُمْ ۝ إلى قوله: فَأَصَمَّهُمْ وَأَعْمَىٰ أَبْصَارَهُمْ ۝$$

Waxaa ka mid ah waxyaabihii aan huri waayay ogaanshahooda ka dib intii aan dariiqadooda raacay, Xaqiiqada Nebinnimada iyo waxyaabaha u gaarka ah. Waxaa lagama-maarmaan ah in aan asalkeeda wax ka tilmaamo, maadaama aad loogu baahan yahay.

AL-MUNQID 70

XAQIIQADA NEBINNIMADA IYO SIDA UUMIYAHA OO DHAN AY UGU BAAHAN YIHIIN

Waxaad ogaataa in xaqiiqada aadanaha asalkii hore la abuuray isaga oo maran oo aan dhiifoonayn, wax war ahna aan ka hayn caalamyada Alle—sarreeye. Caalamyaduna waa ay faro badan yihiin, Alle cid aan ahaynna tiro kuma koobi karto, Asaga ayaana yiri, "Ciidammada Rabbigaa cid aan Asaga ahayni ma oga (وَمَا يَعْلَمُ جُنُودَ رَبِّكَ إِلَّا هُوَ)".

Qofku waxa uu caalamyadaas ka og yahayna waa wixii uu ku garto waxyaabaha loo sameeyay in ay dadku wax ku ogaadaan, wax walba oo waxyaabahaas ka mid ahna, waxaa loo sameeyay in uu ku ogaado caalam ka mid ah waxyaabaha jira. Waxaan *caalamyo* uga jeednaa noocayada waxyaalaha jira.

Waxa ugu horreeya ee aadanaha lagu abuuro waa dareenka taabashada, oo uu ku ogaado jaadad ka mid ah waxyaabaha jira, sida: kulaylka, qabowga, qoyanaanta, qallalnaanta, jileeca, adaygga, iyo wixii la mid ah. Taabashadu awood ay midabbada iyo codadka ku dareento ma laha, markii taabashada dhankeeda laga eegana [oo waxa jira iyo wax aan jirin lagu kala xukumayo] waxay noqonayaan wax aan jirin. Ka dib waxaa loo abuuraa dareenka aragga, wuxuuna ku gartaa midabbada iyo muuqaallada, waana midka ugu ballaaran caalamyada waxyaalaha la dareemo. Ka dib waxaa u furma dareenka maqalka, dhawaaqa iyo codadka ayaana uu ku gartaa. Ka dib waxaa loo abuuraa dhadhanka, sidaas ayaana ay ahaataa ilaa uu ka gudbo caalamka waxyaabaha la dareemi karo, markaa oo uu toddobo-jir ku dhow yahayna waxaa lagu uumaa wax kala soocidda (*tamyiiz*). Kanna waa heer kale oo ka mid ah heerarka jiritaankiisa, wuxuuna ku aqoonsadaa waxyaabo dheeri ka ah caalamka dareemayaasha lagu ogaado, kuwaas oo aan shuqul ku lahayn caalamka dareenka.

Ka dib wuxuu u gudbaa heer kale, waxaana loo abuuraa caqliga oo uu ku ogaado: waxyaabaha waajibka ah, kuwa suuragalka ah, kuwa aan suuragalka ahayn, iyo waxyaalo aan heerkaa wixii ka horreeyay lagu ogaan karin.

Caqliga waxaa ka dambaysa marxalad kale oo ay u furmayso il kale oo lagu arkayo waxyaabaha qaybka ah iyo waxa mustaqbalka dhici doona iyo arrimo kale oo caqligu uu ka caaggan yahay, si la mid ah sida awoodda wax kala soociddu ay uga caaggan tahay waxyaalaha caqliga lagu garto, awoodda dareenkuna ay uga caaggan tahay waxyaalaha lagu garto heerka kala soocidda.

Sida ilmaha wax kala sooci kara haddii loo soo bandhigo waxyaalo caqliga keli ah lagu ogaado, uusan u garan karin, wax aan suuragal ahaynna ay ula muuqanayso, ayaa ay dadka caqliga leh qaarkii u dafireen waxyaalaha lagu ogaado nebinnimada, waxayna la noqotay wax aad u fog oo aan suuragal ahayn. Taasina waa jaahilnimadii oo aan biyo ismarin, maxaa yeelay, xujo ay ku diidaan ma haystaan, keli ah waa heer uusan gaarin weli oo marka isaga loo eego aan jirin, markaa waxa uu u malaynayaa in arrinkaasi uusan iskii u jirin. Haddii qofka ku dhashay indho la'aantu uusan hore si isdabajoog ah ugu maqlin midabbada iyo muuqaallada, dabadeetana looga sheekeeyo hordhac la'aantaas, ma uu fahmeen, mana uusan aqbaleen jiritaankooda.

Si ay u fahmaan ayuu Alle—sarreeye—uumiyihiisa arrinta ugu soo dhoweeyay, wuxuuna siiyay tusaale ka mid ah waxyaabaha ay nebinnimadu la gaar tahay, waa riyada. Qofka hurda wuxuu ogaan karaa wax dhici doona, si cad ama si maldahan oo marka la fasiro muuqanaysa ayuu ku ogaan karaa. Haddii qofka oo aan arrintaan tijaabin lagu oran lahaa: dadka waxaa ka mid ah qof sidii maydkii oo kale miyirku ka tagayo, dareenkiisi, maqalkiisi, iyo araggiisiina ay hawlgabayaan, dabadeetana wuxuu ogaanayaa qaybka— waa uu diidi lahaa, in aanay suuragal ahayn ayuuna daliil u keeni lahaa, oo wuxuu ku andacoon lahaa: awoodaha dareenka ayaa ah sababaha garashada; haddaba, qof aan garan karin walxaha agtiisa ku sugan, hadde waxa aan agtiisa oollin in uusan ogaan ayaa ka sii mudan oo kaga habboon. Kanna waa nooc qiyaaseed oo waaqaca iyo shaahidku ay beeninayaan. Maxaa yeelay, sida uu caqligu u yahay heer ka mid ah heerarka aadanuhu uu soo maro, oo uu ku kasbado il uu ku arko waxyaabaha caqligalka ah, dareemayaashuna aanay shuqul ugu lahayn, ayaa ay nebinnimaduna u tahay heer ka mid ah heerarka aadanuhu gaaro, uuna ku helo il iftiimaysa oo ileyskeedu uu daaha uga qaado waxa ka qarsoon ee qaybka ah iyo arrimo uusan caqligu gaari karin.

Shakiga nebinnimada laga qabi karo wuxuu noqon karaa: mid la xiriira suuragalnimadeeda, ama jiritaankeeda iyo hirgalitaankeeda, ama in qof gaar ahi darajadaas gaaray.

Suuragalnimadeeda waxaa daliil u ah jiritaankeeda.

Jiritaankeedana waxaa daliil u ah in ay caalamka ka jiraan aqoon aan sina loo suuraysan karin in caqli lagu kasbado, sida cilmiga caafimaadka iyo xiddigiska. Qofkii baaritaan ku sameeya wuxuusan hurayn in uu ku qanco in aan aqoontaan lagu gaari karin, wax aan ka ahayn ku duwid Ilaahi ah (*Ilhaam Rabbaani*) iyo waafajin ka timid xagga Alle—sarreeye—oo keli ah, iyo in aan tijaabo waxba lagaga ogaan karin, maxaa yeelay, xiddigaha dhacdooyinkooda waxaa ka mid ah qaar kunkii sanaba hal mar oo keli ah dhaca, haddaba, sidee baa wax sidaa oo kale ah tijaabin loogu ogaan karaa? Dawooyinka astaamahooduna waa sidaa oo kale.

Waxaa xujadan ku caddaatay in ay suuragal tahay in uu jiro dariiq lagu ogaan karo arrimahan aan caqligu haleeli karin, waana waxa laga wado nebinnimada, ujeedkuna ma ahayn in nebinnimadu ay tahay erey lagu cabbirayo ilhaamkaas uun e, garashada jinsiga walxaha ka baxsan awoodda caqliga ayaa ah mid ka mid ah waxyaabaha nebinnimada u gaarka ah, waxayna leedahay waxyaalo u gaar ah oo badan oo aan tan uun ahayn, waxa aan sheegnayna waa dhibic baddeeda laga soo qaaday. Sababta aan u xusnayna waa in aad haysatay tusaale ka mid ah, oo ah waxa aad ku ogaanaysid hurdadaada, waxaadna haysataa cilmiyo jaadkeeda ah oo ka tirsan caafimaadka iyo xiddigiska, oo ka mid ah mucjisooyinka Nebiyada CS, caqlileyduna garaadkooda oo keli ah kuma gaari karaan sideedaba.

Wixii intaa ka soo haray ee ka mid ah waxyaabaha ay nebinnimadu la gaar tahay, waxaa lagu garan karaa in la dhadhamiyo (*dawq*), ayada oo loo marayo tubta Suufiyada, maxaa yeelay, waxa aad middaan ku fahamtay waa tusaale lagu siiyay oo ah hurdada, la'aanteedna, ma aadan rumaysateen. Haddii uu Nebigu leeyahay tilmaan asaga u gaar ah, tusaale u dhigmana aadan adigu haysannin, oo aadan gebi ahaanba fahmayn, sidee ku rumaysan kartaa—illeen rumayntu waxay ka dambaysaa fahanka e? Tusaalahaasna waxa uu iskeenayaa bilowga hore ee dariiqa Suufiyowga, markaa ayaa waxaa ka dhalanaya nooc dhadhamin (*dawq*) ah oo la heer ah darajada laga gaaray dariiqaas; iyo nooc rumayn ah oo la aaminayo waxa aan weli la gaarin iyada oo ka hore looga qiyaas qaadanayo. Tilmaantaan gaarka ah keligeed ayaa ku filan in aad asalka nebinnimada aammintid.

Haddii aad ka shakidid in shakhsi cayiman uu yahay nebi iyo in kale, waxaad ku hubin kartaa xaaladdiisa oo aad wax ka ogaatid: indhahaaga inaad ku aragtid ama aad maqashid war ay dad aad u badani ka soo tebiyeen. Maxaa yeelay, haddii aad taqaannid caafimaad iyo fiqi, waxaa kuu suuragal ah in aad fiqiyada iyo dhakhaatiirta aqoonsatid marka aad xaaladahooda aragtid ama aad hadalladooda maqashid, xataa haddii aadan arag. Kugu ma adkaanayso in aad ogaatid in Shaafici—Alle ha u naxariisto e—uu yahay fiqi, Jaaliinuus (Galen) uu yahay dhakhtar, weliba adiga oo aan ogaalkaas cidna u dabafadhin ee si dhab ah ayaad u ogaan kartaa, haddii aad wax ka baratid caafimaadka iyo fiqiga, kutubtooda iyo buugaagtoodana aad akhrisatid, markaa waxaad helaysaa aqoon aadan ka leexan karin oo xaaladdooda ku saabsan.

Sidaas oo kale, haddii aad fahantid macnaha nebinnimada, Qur'aanka iyo xadiisyadana aad akhrintooda badisid, waxaad helaysaa ogaal aadan ka leexan karin oo tusaya in Nebigu SCW uu gaaray heerka ugu sarreeya nebinnimada, intaana waxaad ku xoojisaa in aad tijaabisid oraahyadiisi ku saabsanaa cibaadada iyo saamaynta ay ku leedahay sifaynta quluubta, iyo sidii uu SCW uga run sheegay hadalkiisi ahaa: "qofkii ku dhaqma wixii uu bartay, Alle wuxuu dhaxalsiiyaa aqoonta wax uusan garan (مَنْ عَمِلَ بِمَا عَلِمَ، وَرَّثَهُ اللهُ عِلْمَ مَا لَمْ يَعْلَمْ)," iyo sida uu dhab u yahay hadalkiisi ahaa, "Qofkii u kaalmeeya ruux daalim ah, asaga ayuu Alle ku salladaa (مَنْ أَعَانَ ظَالِمًا سَلَّطَهُ اللهُ عَلَيْهِ)"; iyo sida uu run u yahay hadalkiisi ahaa, "Qofkii waagu u beryo asaga oo hammiyadiisu ay yihiin hal hammi [kan aakhiro] Alle—sarreeye—ayaa uga filnaada hammiga adduunyada iyo kan aakhiraba (مَنْ أَصْبَحَ وَهُمُومُهُ هَمٌّ وَاحِدٌ كَفَاهُ اللهُ تَعَالَى هُمُومَ الدُّنْيَا وَالآخِرَةِ)". Markii aad intaa ku tijaabisid kun, labo kun, iyo kumannaan ayaad helaysaa ogaal aan laga fursan karin oo aadan ka murmi karin.

Jidkan ka raadi rumaynta dhabta ah ee nebinnimada, ee ha ka raadin ul loo rogay mas, ama dayax la kala dhambalay, maxaa yeelay, kaas haddii aad keligii eegtid, oo aysan ku ladhmin calaamadaha badan ee aan la koobi karin, waxaa laga yaabaa in aad u malaysid in ay tahay sixir iyo indhasarcaadin, iyo in Alle—sarreeye—uu kugu baadiyaynayo; Asaga ayaa baadiyeeya cidda uu doono, hanuuniyana cidda uu doono.

Waxaa kugu soo dhacaya su'aalihii mucjisooyinka, haddaba haddii iimaankaagu uu ku dhisan yahay hadal isku aaddan oo ku saabsan mucjisadu waxa ay muujinayso, iimaankaagu wuxuu ku burburi karaa hadal habaysan oo ah bushin iyo madmadow galinta mucjisadaas. Haddaba, waxyaabahan caqligu uusan gaari karin, ha ka mid noqdaan daliillada iyo caddaymaha aad aragtidaada ku dhisaysid, si aad u heshid ogaal hubanti ah oo aadan si cayiman u sheegi karaynin halka uu kaaga yimid, sida qofku dad faro badan oo aan been isku raaci karin waxa ay soo sheegeen uusan u oran karin hebelkaas ayaan ka qabtay ee uusan xataa garan karin halka warkaasi uga yimid ayada oo ay jirto in warkaasi uusan dhaafsiisnayn guud ahaan intaas, haddana aan hebel iyo hebel loo oran karin. Iimaanka cilmiga ku dhisan ee xooggani, waa sidaa.

Laakiin, *dawqu* wuxuu la mid yahay i tus oo i taabsii, waxaana laga helaa dariiqada Suufiyada oo keli ah. Xoogaagaas aan ka sheegnay xaqiiqada nebinnimada ayaa ku filan in ay koobto ujeeddadii aan haatan uga gollahaa, waanna sheegi doonaa sababta xuskeeda loogu baahday.

AL-MUNQID 78

SABABTA AAN UGU SOO NOQDAY FAAFINTII CILMIGA KA DIB MARKII AAN KA JEESTAY

Intaa ka dib waxaan joogteeyay khalwadii iyo kelinnimadii wax ku dhow toban sannadood, waxaana muddadaas dhexdeeda si hurid la'aan ah iigu caddaatay, sababo badan oo aanan koobi karinna ku timid—mar ah *dawq*, mar ah xujo cilmi, marna weer iimaaneed—in aadanaha laga abuuray jir iyo qalbi, qalbigana waxaan uga jeedaa xaqiiqada naftiisa oo ah halka uu ruuxu ku aqoonsado Alle—sarreeye—, ee aan ahayn hilibka iyo dhiigga uu la wadaago maydka iyo xoolaha. Waxaa kale oo aan ogaaday in jirku uu leeyahay caafimaad baraarihiisu ku jiro iyo cudur baaba'iisa keena, sidaa oo kalana qalbigu uu leeyahay caafimaad iyo badbaado, [aakhirana] uusan baxsanayn 'qof Alle qalbi fayoow ula yimid mooyee', uuna leeyahay cudur keena halaag aakhireed oo abidkii jira, sidii uu Allaba—sarreeye—yiri: Qalbiyadooda jirro ayaa dhex degtay (فِى قُلُوبِهِــم مَــرَضٌ). Waxaa kale oo aan ogaaday in Alle oo laga jaahil noqdo ay tahay sunta [qalbiga] halaagta, iyo in Alle oo la caasiyo iyada oo hawada la raacayo ay tahay cudurka qalbiga jirrada ku rida, barashada Eebbana—sarreeye—ay tahay dawadiisa noolaynaysa, adeecitaanka Alle ee hawada la khilaafayaana ay tahay dawada uu ku bogsoonayo; iyo in aanay jirin qaab loo daweeyo, jirradana looga saaro oo caafimaadkiisi loo helo oo aan ka ahayn in uu dawo qaato, si la mid ah sida aan jirkaba loo dabiibi karin dawo la'aan.

Sida ay dawada jirku kasbashada caafimaadka ugu saamayso wax u gaar ah oo aan caqliga iyo garashada lagu ogaan karin, waajibna ay u tahay in la iska raaco dhakhaatiirta ka qaatay Nebiyada kuwaas oo astaanta nebinnimada ku daalacday astaamaha walxaha khaaska ah ku gaarka ah, si la mid ah taa ayaa waxaa si aan laga fursan karin iigu caddaatay in dawada cibaaddaa, xaddidnaantooda iyo jaango'naantooda nebiyada xaggooda inooga timid aan caqliga waxgaradka lagu ogaan karin sida ay saamaynta u leeyihiin, waxaana waajib ah in nebiyada lagu raaco—ileen ayaga uun baa nuurkii nebinnimada ku ogaaday waxyaabaha cibaadooyinkaasi ay la gaarka yihiin, caqlina kuma aysan ogaan.

Sida daawooyinka looga sameeyo noocyo kala duwan oo la isku dardaray, qaddarkooduna aanay isle'ekayn, qaarkoodna ay ku laba-jibbarmaan miisaanka iyo qaddarka qaar kale; kala duwanaanta beeggoodu wax iska yimid ma aha e, sir gaar ah baa ku jirta—sidaa si la mid ah ayay cibaadooyinku, oo ah dawada qalbigu, ay uga kooban yihiin ficillo kala duwan oo aan isle'ekayn; sujuuddu waxay ku laba-jibbaarantaa rukuucda, salaadda Subax waxay le'eg tahay kalabarka salaadda Casar; kollay sir baa ku jirta, waana wax ka mid ah waxyaalaha nuurka nebinnimada mooye e aan wax kale lagu ogaan karin.

Waxaa doqonnimo isu diyaariyay, aadna jahlinimo u doorbiday, qofka doonaya in uu caqligiisa ka keeno xikmadda arrintaa ku jirta ama uba arka in waxaani ay tahay wax iska yimid oo aan xambaarsanayn sir Rabbaani ah oo tub gaar ah loo jeexay. Sida dawooyinku ay u leeyihiin asaas u ah tiirar iyo waxyaabo dheeri ah oo dhammaystir u ah, oo saamayn gaar ah ku leh shaqooyinka kuwa asalka ah, ayay sunnayaashuna u yihiin kuwo dhammaystir u ah saamaynta tiirarka cibaadadu ay leeyihiin.

Isku soo wada duub oo, Nebiyadu CS waa dhakhaatiirta cudurrada qalbiyada ku dhaca, dheefta caqliga iyo shaqadiisuna waa in aan intaa ku garanno, nebinnimadana uu runnimadeeda qiro, tabardarrada naftiisa uu qirto iyo in uusan ogaan karin waxa indhaha nebinnimada oo qur ah lagu garan karo; in uu gacmaha na qabto oo uu noo dhiibo nebinnimada sida kuwa indhaha la' loogu dhiibo hagayaashooda, bukaanka jahawareersanna loogu dhiibo dhakhaatiirta turriimada u leh. Marinka caqliga iyo tallaabadiisuna halkaa ayay ku joogsadaan, wixii intaa ka dambeeyana waa uu ka caaggan yahay, waxa keli ah ee u haray waa in uu ku dedaalo sidii uu u fahmi lahaa waxa ay dhakhaatiirtu u qorayaan.

Intaani, waa mid aan ku ogaannay si lamahuraan ah oo u dhiganta wax indhaha lagu arkay [*mushaahada*] muddadii kelinnimada iyo khalwada, ka dibna waxaan aragnay in aaminsanaantii dadku ay ka gaabiysay sharraxaadda asalka nebinnimada, haddana xaqiiqadeeda, haddana ku dhaqmidda wixii nebiyadu ay sharxeen, waxaanna xaqiiqsannay in arrintaasi ay wax guud noqotay, dabadeetana waxaan isweydiiyay sababaha keenay in ay dadku sidaa gaabis u noqdaan, iimaankooduna uu hoos ugu dhaco, waxaanna dhaafin waayay afar sababood:

1. Sabab ka timid kuwa dhex dabaalanaya cilmiga Falsafadda.
2. Sabab ka timid kuwa dhex dabaalanaya dariiqa Suufiyoobidda.
3. Sabab ka timid kuwa sheeganaya dacwada Tacliimiyada.
4. Iyo sabab ka dhalatay habdhaqanka kuwa aqoonta ku suntani ay dadka kula dhex jiraan.

Muddo ayaan ku dabo jiray qof qof dadka ka mid ah, qofkii aan arko in uu ka gaabiyay ku dhaqanka shareecadana waxaan weydiin jiray halka tashuushku uga furan yahay, caqiidadiisa iyo waxa uu laabta ku qarsanayo ayaanna weydiin jiray, oo waxaan ku dhihi jiray: maxaad uga gaabisay cibaadada, haddii aad aakhiro rumaysan tahay, aadanna u diyaargaroobayn, adduunyadana aad ku beddelanaysid, waa doqonnimo! Labo (2) hal (1) kuma aadan beddelateen ee maxaad wax aan dhammaanayn ugu beddelanaysaa wax maalmo kooban ah? Haddii aadan xaqa rumaysnaynna, gaal baad tahay ee sku hawl sidii aad u rumayn lahayd, waxaadna ka fakartaa sababta keentay gaalnimadaada qarsoon ee ah mad-habta kuu aasan, ahna sababta aad sidaa muuqata ugu dhiirratay—walow aadan bannaanka soo dhigan oo iimaan aan jirin aad isku qurxisid, sharciga sheegsheeggiisana aad sharaf ka doontid!

Midi wuxuu iigu warceliyaa: haddii waxaani ay yihiin wax ilaalintoodu ay waajib tahay, culimada ayaa dadka ugu habboonaan lahaa: hebel oo dadka wanaagsan dhexdooda caan ka ahi ma tukado, hebelna khamrada ayuu cabbaa, hebel wuxuu cunaa xoolaha awqaafta iyo hantida agoonta, hebel wuxuu biishaa waxa madaxdu ay siiyaan, xaaraantana iskama ilaaliyo, hebel wuxuu garsoorka iyo markhaatiga ku qaataa laaluush! Waxaa iyo wax la mid ah sii wad.

Mid labaadi wuxuu sheeganayaa cilmi tasawufka waxa uuna ku andacoonayaa in uu gaaray heer uu ka koray baahidii loo qabay cibaadada.

Mid saddexaadi wuxuu sabab ka dhigtaa waxyaabaha dadka xaaraanta xalaashaday [ee qaba in takliiftii laga daayay] ay ku andacoodaan. Kuwaani waa koox ka habowday suufinnimadii.

Mid afaraad oo qoladii mad-habta Tacliimiyada la kulmay ayaa ku oranaya: xaqu ma cadda, tubta loo qaado way awdan tahay, aad baana la isugu maandhaafay, mad-hab ka mudan tu kale ma jirto, daliilladda caqligu way iska hor imaanayaan, dadka aragtida leh la iskuma hallayn karo fakarkooda, daaciga dadka ugu yeeraya Tacliimtuna wuxuu ridayaa xukun aan xujo ku tiirsanayn, haddaba, sidee inta aan hubaasha ka tagno u qaadanaynaa shaki?

Ku shanaadi wuxuu oranayaa: sidan cidna ugama aanan dayan anigu, waxaanse akhriyay cilmiga falsafadda, waxaan ogaaday xaqiiqada nebinnimada iyo in halka ay ku soo ururayso ay tahay xikmadda iyo maslaxadda, ujeeddada looga golleeyahay cibaadooyinkuna ay tahay in dadka caammada ah la xakameeyo, lagana hor istaago in ay islaayaan, murmaan, oo ay shahwada naftooda isku sii daayaan. Haddaba, anigu ka mid maahi caammada jaahiliinta ah si aan u soo hoosgalo sharidda iyo gacmaxirka takliiftu uu wadato; anigu waxaan ka mid ahay murtileyda, xikmaddu waxa ay i farayso ayaan raacayaa aniga oo u dhugmo leh, in aan cid ku daydana iyadaan kaga maarmay.

Tani waa heerka uu gaarsiisan yahay iimaanka qofka akhriya falsafadda kooxda Ilaahiyiinta, waxaana laga arkayaa buugaagtii Ibnu Siinaa iyo Abuu Nasr al-Faaraabi—kuwanna waa kuwooda Islaannimada isku qurxiya.

Waxaa laga yaabaa in aad aragtid mid ka mid ah oo Qur'aanka akhrinaya, salaadaha jamaaco ku tukada, shareecada ku weynaynaya hadalladiisa, haddana khamri cabbaya, faajirnimo iyo macsina faraha kula jira! Kolkii lagu yiraahdo: haddii aanay nebinnimadu sax ahayn, maxaad u tukanaysaa? Waxaa laga yaabaa in uu kuugu warceliyo: waa jimicsi jireed, waa dhaqan magaalada ka jira, xoolaha iyo carruurtana waan ku ilaashadaa!

Ama waxaa laga yaabaa in uu yiraahdo: shareecadu waa sax, nebinnimaduna waa xaq. Markii lagu yiraahdo, hadde, haddii ay sidaa tahay: maxaad khamrada u cabbaysaa? Wuxuu kugu oranayaa: waxa khamrada dadka loogu diiday waa in ay sababto cadaawad iyo isnacayb, aniguna nin xikmad leh oo murtidiisu ilaalinaysaan ahay, waxa aan u cabbayaana waa in aan fakarkayga ku soofeeyo! Xataa Ibnu Siinaa ayaa dardaaran uu lahaa ku qoray: in uu Alle—sarreeye— ku og yahay, waxaa iyo waxaa, in uu arrimaha shareecada xurmeeyo, cibaadooyinka Diinta uusan ka gaabinnin, madadaalo uusan khamri u cabbin ee uu daawo ahaan iyo caafimaad raadin u adeegsado.

Iimaankiisa saafiga ah iyo joogtayntiisa cibaadada, figteeda ugu sarraysay waxay noqotay in uu khamrada cabbiddeedi u xalaalaystay in uu isku daweeyo. Waa kaas iimaanka kuwooda iimaanka sheeganaya. Waxaana ku kadsoomay koox, waxaana kedada u sii kordhiyay tabardarrida dooddii kuwii bushinayay, maadaama oo ay ku dhaliileen dafiridda cilmiga injineeriyada iyo mandiqa, iyo wixii la hal maala ee ah aqoon aan la hurayn, sidii aan hore u soo sheegnayba.

Markii aan garwaaqsaday in noocyada dadka uu iimaankoodi ilaa heerkaas daciifay, sababahaa dartood, aanna isu arkay in aan khibrad badan u leeyahay baabbi'inta xayaabadaan, oo aanan biyo u kabbanayn fadeexadayntooda , maadaama aan in badan dhex maquurtay cilmiyadooda iyo wadiiqooyinkooda—waxaan u jeedaa wadiiqooyinka Suufiyada, Falaasifada, Tacliimiyada, iyo kuwa culimada isu ekaysiinaya—ayaa waxaa ii caddaatay in arrintaasi waajib aan laga labalabayn karin ay igu tahay waqtigan. Maxaad khalwo ka dheefaysaa, maxayse kelinnimo kuu taraysaa mar haddii cudurkii uu arlada wada gaaray, dhakhaatiirtiina ay bukoodeen, dadkuna in ay halligmaan ay qarka u saaran yihiin!

Ka dib waxaan iskula sheekaystay: goorma ayaad u jeesan doontaa faydidda aafadan, iyo la dagaallanka mugdigan baas, ayada oo waqtiga la joogana uu yahay xilligii gabbashada ahlu xaqa, kalkuna uu yahay kii baadilka? Haddii aad isku mashquulisid in aad dadka uga yeertid dariiqooyinkooda oo aad ugu yeertid xaqa, dadka xilligaan jooga oo dhan baa col kuu noqonaya, ee halkee ka keenaysaa awood aad iskaga dhicisid? Sidee ugu dhex noolaanaysaa? Hawshaasi ma suuroobayso haddii aan xilli kaalmeeya iyo hoggaamiye Diinta ku dhaqma oo awood leh loo helin.

Aniga iyo Alle oo keli ah baa ogayn e, waxaan rukhso u qaatay in aan cidladayda isaga jiro, xujana waxaan ka dhigtay in aanan lahayn awooddii aan xaqa ku muujin lahaa, dabadeetana Alle SWT ayaa wuxuu qaddaray in hoggaamiyihii waqtigaa joogay uu ka hawlgalo arrinta, iskii ayayna ugu dhalatay, cid kula talisayna ma aanay jirin. Wuxuu igu amray amar aan la soo celin karin in aan u ambabaxo [magaalada] Naysaabuur, waqtigaan kalago'a ahna aan dadka ka gaaro. Amarkiisaasi wuxuu gaarsiisnaa heer haddii aan ka diido, aannu dad qalaad kala noqon lahayn, waxaanna garaystay sababtii rukhsadda aan u haystay in ay daciiftay, waxaana ila qummanaan wayday in aan cidladaydii iskaga jiro, ayada oo ay suuragalna tahay in waxa igu riixaya ay tahay wahsi, raaxo jacayl, iyo in aan doonayo in qabkaygu uusan hoos u soo dhicin, ayna tahay in aan naftayda ka dhowro dhibta aadanaha. Maxaad naftaada ugu samaynaysaa rukhsad ay kaga badbaaddo culayska ay leedahay dhibaatada uumiyuhu, ayada oo Alle SWT uu leeyahay: waxaan ku bilaabayaa magaca Eebbaha naxariista guud adduunyada ku bixiya, tan gaarka ahna aakhiro. *Alif, Laam, Miim*. Dadku ma waxay u moodeen in lagu daynayo in ay Alle rumeeyeen, wax fito ahna aanay indho saarayn? Waxaan fidnaynay kuwii ayaga ka horreeyay...." ilaa dhammaadka aayadda.

$$\text{بِسْمِ اللَّـهِ الرَّحْمَـٰنِ الرَّحِيمِ}$$
$$\text{الم ۝ أَحَسِبَ النَّاسُ أَن يُتْرَكُوا أَن يَقُولُوا آمَنَّا وَهُمْ لَا يُفْتَنُونَ ۝}$$
$$\text{وَلَقَدْ فَتَنَّا الَّذِينَ مِن قَبْلِهِمْ ۖ فَلَيَعْلَمَنَّ اللَّهُ الَّذِينَ صَدَقُوا وَلَيَعْلَمَنَّ الْكَاذِبِينَ ۝}$$

Alle—*caza wajalla*—waxaa kale oo uu Rasuulkiis a SCW, oo ah kan uumiyihiisa ugu sharafta badan, ku yiri: Waxaa la beeniyay Rasuullo adiga kaa horreyay, way ku sabreen faafinta wixii lagu beeniyay, waana lagu dhibaateeyay, ilaa uu gargaarkayagu u yimid; cidina ma doorin karto aayadaha Eebbe, Rasuullada Eebbe warkoodana wax waa kaa soo gaareen".

$$\text{وَلَقَدْ كُذِّبَتْ رُسُلٌ مِّن قَبْلِكَ فَصَبَرُوا عَلَىٰ مَا كُذِّبُوا وَأُوذُوا حَتَّىٰ أَتَاهُمْ نَصْرُنَا ۚ وَلَا مُبَدِّلَ لِكَلِمَاتِ اللَّهِ ۚ وَلَقَدْ جَاءَكَ مِن نَّبَإِ الْمُرْسَلِينَ ۝}$$

Waxaa kale oo uu yiri: "Waxaan ku bilaabayaa magaca Eebbaha naxariista guud adduunyada ku bixiya, tan gaarka ahna aakhiro. *Yaa Siin*. Waxaan ku dhaaranayaa Qur'aanka ximkaddu ka buuxdo..." ilaa laga gaaro aayadda: "Adigu waxaad u digaysaa ciddii waanada raacaysa, Allaha naxariista badanna ka baqaysa ayaga oo aan arag".

$$\text{بِسْمِ اللَّهِ الرَّحْمَٰنِ الرَّحِيمِ}$$
$$\text{يس ۝ وَالْقُرْآنِ الْحَكِيمِ ۝ إِنَّمَا تُنذِرُ مَنِ اتَّبَعَ الذِّكْرَ وَخَشِيَ الرَّحْمَٰنَ بِالْغَيْبِ ۖ فَبَشِّرْهُ بِمَغْفِرَةٍ وَأَجْرٍ كَرِيمٍ ۝}$$

Ka dib waxaan kala tashaday qaar ka mid ah kuwa quluuhta tarbiyeeya, araggana leh, waxayna isku raaceen in ay ii ishaareeyeen in aan cidloonshaha soo afjaro, mawlaca aan ku jirana aan bannaanka uga soo baxo. Intaa kuma aanay ekayn e, waxaa go'aanka sii xoojiyay manaamyo aad u faro badan oo ay arkeen dad wanaagsan, dhammaantoodna ka marag kacaya in dhaqdhaqaaqaani uu yahay bilow wanaagsan iyo hanuun uu Alle—sarreeye—qaddaray bilowga qarnigan, rejo iga xoog badatay ayaana i gashay.

Waxaa malahayga wanaagsani uu u batay, markhaatiyaashaan dartood, in ballanqaadkii Eebbe—*subxaanahuu*—ee ahaa in uu boqolkii sano ee kasta uu ummaddaan u soo saarayo cid diintiisa soo nooleysa, si loo fuliyana uu Alle sakhiray u kicitaankii Naysaabuur, bishii Dul Qacdah, sannadkii 499H. Waxaan Baqdaad ka soo baxay bishii Dul Qacdah ee sannadkii 488H, muddadii aan cidloonshaha ku jirayna waxay gaartay toban iyo kow sannadood. Tani waa dhaqdhaqaaq uu Alle—sarreeye—qaddaray, waana mid ka mid ah waxyaabaha uu qoray ee layaabka leh, intii aan kelinnimadaa ku jirayna aan marna qalbigayga ku soo dhicin, si la mid ah bixiddii aan Baqdaad kaga soo tagay iyo ka dhex bixiddii xaaladahaa aanay suuragalnimadeedu marna laabtayda ugu soo dhicin; Alle—sarreeye—asaga ayaa qalbiyada iyo xaaladaha gedgeddiya, "qalbiga mu'minkuna waxa uu ku dhex jiraa labo farood dhexdood oo ka mid ah faraha Raxmaanka."

Waxaan ogaa in haddii aan faafinta cilmiga ku soo noqdo aanan ku noqonayn wixii hore u jiray, aniguna waxaan xilligaas faafinayay cilmiga lagu helo magaca si aan magac ugu helo, hadalkayga iyo ficilkaygana magac raadintaa ayaan dadka ugu yeerayay; ujeedkayga iyo niyaddayduna sidaa ayay ahayd. Balse, haatan, waxaan dadka ugu yeerayaa cilmiga ku xambaaraya in ay magacraadinta ka tagaan, laguna aqoonsanayo in muuqashadu ay tahay darajo hoosaysa. Immika sidaan weeye niyaddayda iyo ujeedkaygu; Allaa igu og, waxa aan doonayana waa in aan hagaajiyo naftayda iyo qayrkay, mana ogi: dantaydaa ma gaari doonaa mise waan dhiman doonaa aniga oo aan haleelin?

Laakiin, waxaan rumaysanahay, si dhab ah oo i tus oo i taabsii ahna aan ku ogaaday, in aanay jirin cid xoog iyo xeelad leh haddii uusan Alle ugu kaalmayn; aniguna ma dhaqaaqin ee Asaga ayaa i adeejiyay; anigu waxba maa aanan falin ee asaga ayaa i hawlgaliyay. Waxaan ka tuugayaa in uu ugu horrayn aniga i hagaajiyo, dabadeetana uu sabab iiga dhigo in aan cid kale hagaajiyo; in uu i hanuuniyo, mid lagu hanuunana uu iga dhigo; in uu si dhab ah xaqa ii tusiyo, in aan qaatana uu igu arsaaqo, baadilkana uu ii tusiyo in uu yahay baadil, ka fogaantiisana uu igu gallado.

Aan immika u soo noqonno sababihii aan soo sheegnay ee iimaanka daciifiyay, oo aan xusno habka loo toosin karo, halaaggana looga badbaadin karo:

Kuwa ku andacooday in ay ku wareereen wixii ay ka maqleen *Ahlu Tacliimka*, waxaa dawo u ah wixii aan ku sheegnay buugga *al-Qisdaas al-Mustaqiim*, buugyarahanna ku dheerayn mayno ka warramiddeeda.

Waxa ay ismoodsiiyeen kuwa macsida bannaystay, waxaan tashuushkooda ku soo koobnay toddobo nooc, waxaanna ku qaadaadhignay buugga *Kiimyaa as-Sacaadah*; (كيمياء السعادة).

Midka iimaankiisu uu ku hallaabay dariiqa falsafadda awgeed, ilaa uu inkiray nebinnimada asalkeeda, waa tii aan ka soo sheekaynay xaqiiqada nebinnimada iyo in jiritaankeedu uu yahay mahuraan, innaga oo u daliishannay in ay jiraan waxyaabo gaar ah, sida waxyaalaha dawooyinka iyo xiddigiska u gaarka ah iyo wixii la mid ah. Arrintaan darteed ayaan hordhacaan u soo hormarinnay. Waxa aan daliilka uga soo qaadannay waxyaabaha ku gaarka ah cilmiga caafimaadka iyo xiddigisku waa in ay aqoontooda la nooc yihiin, annaguna qof walba waxa uu yaqaanno sida: xiddigiska, caafimaadka, dabiicada, sixirka iyo xarriiqyada, ayaan tusaale aan ka soo qaadannay ugu caddaynaynaa xujada nebinnimada.

Qofka afka ka qira nebinnimada, arrimaha shareecadana la sima xikmadda, dhab ahaantii waa ruux nebinnimada ku gaaloobay, wuxuuna rumaysan yahay murtiile leh xiddig u gaar ah, xiddiggaas u soo baxayna uu keenayo in la raaco; rumayntiisani nebinnimada meelna kama soo gasho, illeen nebinnimada rumaynteedu waa in uu qirto in uu jiro heer ka shisheeya garashada caqliga oo qofka ay ugu dillaacayso il lagu ogaanayo waxyaabo gaar ah, oo uu caqligu ka fog yahay, sida uu maqalku uga fog yahay garashada midabbada, aragguna aqoonsashada codadka, dareemayaashuna fahmidda maangallada. Haddii uu taa aqbali waayo, hore ayaan u soo sheegnay xujo inoo caddaynaysa in ay suuragal tahay, iskaba daaye, waxaan daliil u keennay jiritaankeeda. Haddiise uu oggolaado, waxay ka dhigan tahay in uu qirtay in ay jiraan waxyaalo gaar ah, oo uusan sideedaba caqligu agagaarkooda ku wareegi karin, ayna u dhowdahay in uu beeniyaba, oo uu xukumo in waxaasi ay yihiin wax aan suuroobi karin.

In yar oo le'eg dirham culayskii oo afyuun ahi waa sun dilaa ah, maxaa yeelay, qabowgiisa faraha badan darteed ayuu fariisiyaa dhiigga xididdada dhex maraya. Ka cilmiga dabiicada aqoontiisa sheegtaana, waxa uu ku andacoonayaa in iskudhisyada kuwooda qabowga keena, ay wax ku qaboojiyaan biyo iyo ciid ku jirta oo ah curiyayaasha qabow. Sida la og yahay rodollo biyo iyo ciid ah, qabowga ay jirka gudihiisa galiyaan heerkaa ma gaarsiisna. Haddii qof dabiicada ku takhasusay arrintaan looga warramo, tijaabana uusan ku samayn, wuxuu dhihi lahaa: suuragal ma aha, waxaana suuragalnimo la'aanteeda u daliil ah, in ay ku jiraan walxo dabeed iyo walxo haweed, labadooduna qabow ma kordhiyaan; haddaba, waxan oo dhan waxaan ka soo qaadaynaa in ay biyo iyo ciid yihiin, ayaguna qabowgaa xad-dhaafka ah ma keenaan, haddii labo kulul ay ku soo biiraanna, in aysan qabowgaa keenin waa ay ka sii mudan tahay.

Hadalkiisaa ayuu u qabaa in uu xujo yahay! Badi xujooyinka faylasuufyada, dabiiciyiinta iyo Ilaahiyiintu, waxay ku dhisan tahay waxaa oo kale! Wax walba waxay u suuraysanayaan sidii hore ee ay ku arkeen, oo ay ku garawsadeen, wixii aysan hore ula qabsanna, waxay ka soo qaadaan in uu yahay wax aan suuragal ahayn, haddii aan riyada rumowda lala qabsan, oo aan hore loo aqoon, oo uu qofku sheegan lahaa in marka dareemayaashu ay hawlgabaan uu qaybka wax ka ogaan karo, dadka caqliyaddaan oo kale leh way inkiri lahaayeen. Haddii mid ayaga ka mid ah lagu yiraahdo: suuragal miyaa in adduunyada korkeeda uu saaran yahay wax le'eg firi oo haddii magaalo la dhex dhigo, kulligeed cunaya, ka dibna naftiisa cunaya, magaaladii iyo wixii ku sugnaa aanay wax ka harayn, isaga laftiisuna aan harayn? Wuxuu oran lahaa: suuragal ma aha, waana khuraafaad! Tani waa xaaladda dabka, oo qofkii aan hore u arag, markii uu maqlo jiritaankiisa waa uu inkiri lahaa. Cajaa'ibta aakhiro inkiriddeeduna qaabkan ayaa ay u badan tahay.

Haddaba, ruuxii dabiicada ku takhasusay waxaan ku oranaynaa: waxaad ku qasbanaatay in aad tiraahdid: Afyuunka waxaa ku jira maaddo gooni ah oo qaboojiso ah, halbeeggii dabiicada ee maangalka ahaana aan ku socon, ee maxaa diidaya in awaamirta shareecadu ay leedahay waxyaabo gaar ah oo qalbiga lagu daweeyo, laguna sifeeyo oo aan murtida caqliga lagu garan karin, isha nebinnimada mooyaan e aan il kalana lagu arki karin? Duulku waxayba qirsan yihiin waxyaabo gaar ah oo middaan ka sii yaab badan, buugaagtoodana ay ku xuseen, waa wax gaar ah oo yaab leh oo ay u adeegsadaan in lagu daweeyo haweenayda fooshu ku cuslaato, tijaabana la mariyay. Sidaan ayayna u dhigeen:

4	9	2
3	5	7
8	1	6

د	ط	ب
ج	ه	ز
ح	ا	و

Waxaa lagu qorayaa labo karimood (calal) oo aan biyo la taabsiin, haweenayda xaamilada ah labadeeda indhood bay ku wada eegaysaa, waxa ayna dhigaysaa lugaheeda hoostooda, isla markiiba ilmuhu wuu soo baxayaa. In waxaasi ay suuragal yihiin ayay qirsan yihiin, waxayna ku xuseen buuggooda *Cajaa'ib al-Khawaas*; (عجائب الخواصّ). Waa jadwal sagaal khaanadood leh, xarfo gaar ah ayaa lagu qoraa, halkii layn waxa ku qoran iskudarkoodu waa toban iyo shan, haddii aad dhererka ka tirisid ama ballarka ama qaab gudub ah.

Hayaay! Yaa inta uu waxaa aammino, haddana uusan caqligiisu qaadi karin in uu rumeeyo in jaangooyada labada rakcadood ee Subaxa, afarta Duhurkii iyo saddexda Maqribku ay ku timid waxyaabo gaar ah oo aan lagu aqoonsan karin fiirada caqliga iyo xikmadda, iyo in sababtu ay tahay kala duwanaanta waqtiga. Waxyaabahaan khaaska ah waxaa lagu ogaadaa nuurka nebinnimada oo keli ah. Waxaa yaab leh, haddii aan weerta u beddelno midda ay adeegsadaan xiddigiyayaashu, way fahmi lahaayeen kala duwanaanta waqtiyadan. Waxaan dhahaynaa: xukunka xiddiggu miyuusan ku kala duwanaanayn in qorraxdu ay joogto bartamaha cirka, ama ay kor u sii siqayso, ama galbeed, marka ay ku dhisayaan saadaalintooda kala duwanaanta daweynta, cimriga iyo geerida, wax farqi ahna uma dhexeeyaan waqtiga ay cadceeddu u iilato dhanka galbeed iyo in ay bartamaha cirka joogto, maqribka iyo in cadceeddu ay jirto bogox; haddaba aaminaadda uu waxaa ku rumaystay, miyay ku timid wax aan ka ahayn in uu aaminay mid xiddigaha ka faashada wax uu u sheegay, lagana yaabo in uu boqol beenood oo hore uu ku yaqaannay.

Rumaysashadiisa iskama daynayo xataa haddii uu faaliyuhu ku yiraahdo: haddii ay cadceeddu joogto bartamaha cirka, xiddigga hebel la yiraahdana uu soo eego, kan soo baxayna uu markaa yahay burji hebel, haddii aad dhar cusub gashatid amminkaa, waa lagugu dilayaa lebbiskaas! Xilligaa uu sheegay ma xiranayo dhar cusub, ayada oo ay suuragal tahay in qabow darani uu dhacayo oo uu la rafaadsan yahay, weliba ayada oo laga yaabo in xiddigasheegga warkaa ku yiri uu dhawr jeer oo hore been u sheegay!

Hayaay! Yuu caqligiisu qaadaa in uu rumeeyo waxyaabahaan hal-abuurashada ah, haddana ku qasban in uu qirto in waxaani ay yihiin waxyaabo gaar ah, barashadeeduna ay mucjiso u tahay Nebiyada qaar, haddaba, sidee ayuu u dafirayaa, wax tan oo kale ah oo ka mid ah waxyaabaha uu ka maqlay Nebi runlow ah, mucjisooyin lagu xoojiyay, weligiina aan been lagu baran; sidee ayuusan qalbigu u aqbali karin in taasi ay suuragal tahay?

Haddii mid faylasuuf ahi uu inkiro suuragalnimada in ay jiraan wax ku gaar ah tirsiga rakcadaha salaadda, dhagaxtuurka xajka, tirsiga tiirarka xajka, iyo cibaadooyinka shareecada intooda kale, wax farqi ah, haba yaraato e, oo u dhexeeya ayada iyo waxyaabaha ku gaarka ah dawooyinka iyo xiddigaha ma uu soo helayo. Haddii uu yiraahdo: waxaan tijaabiyay waxyaalo ka mid ah xiddigaha iyo waxoogaa caafimaadka ka mid ah, qaarkoodna wax run ah bay noqdeen, halkaana waxaa iiga dhashay in aan aamino, wax caqliga ka fog oo laga didayo in ay yihiinna halkaa ayay iiga hartay, kuwaanse [cibaadooyinkaan] ma aha wax aan tijaabiyay ee maxay ayaan jiritaankooda iyo xaqiiqadooda ku ogaan karaa xataa haddii aan suuragalnimadooda qiro? Waxaan ku leeyahay: adigu kuma koobnid rumaynta waxa aad tijaabisay e, waxaad ka maqashay wararka tijaabooyinka dadka kalana waad qaadataa. Haddaba, maqal hadallada Nebiyada, saa ayaguba way tijaabiyeen, wayna arkeen xaqnimada waxa ay shareecadu soo dejisay oo dhan, jidkoodi qaad adigaaba waxyaabaha qaar arki doona e.

Sidaa oo ay tahay, ayaan haddana leeyahay: haddii aadan tijaabin, wuxuu caqligu inoo sheegayaa in rumayntooda iyo raaciddooduba ay tahay waajib biyo-kama-dhibcaan ah. Ka soo qaad, qof baa qaangaaray, garaadsaday, hore aan tijaabo u samayn: wuu jirrooday, aabbihiina waa ruux turriimo badan, caafimaadkana aad ugu xeeldheer, tan iyo waaguu wax-garowsadayna wuxuu maqli jiray sheegashada aabbihii ee aqoonta caafimaadka, dabadeetana aabbihii ayaa dawo u qooshay oo uu ku yiri: tani jirradaada ayay dawo u tahay, waadna kaga biskoon doontaa. Sida caqligu uu farayo, ma in uu dawada qaato baa xataa haddii ay kharaar tahay oo dhadhankeeda la kahanayo, mise waa in uu beeniyo oo uu yiraahdo: ma fahmin sida ay dawadaani ugu habboon tahay haleelidda bogsashada, wax aan hore u tijaabiyayna ma aha!

Haddii uu sidaa ku hadaaqo, in aad doqonnimo ku xukumaysid waa shaki la'aan. Sidaa si la mid ah ayay dadka dhugmada lihi doqonnimo kuugu xukumayaan kolka aad rumaynta nebinnimada ka joogsatid! Haddii aad ku dooddid: maxaan ku ogaanayaa turriimada Nebiga SCW iyo aqoonta uu u leeyahay dawaynta nafta? Waxaan kuugu jawaabayaa: maxaad ku ogaatay dhimrinta aabbahaa, ileen wax la taaban karo ma aha e? Waxaad ka ogaatay calaamadaha la xiriira xaaladihiisa, u fiirsiga falalkiisa maalmeed oo aad ka heshay ilaheedii [oo habdhaqankiisa ah], ogaansho aan la hurayn oo aadan ka murmi karin.

Qofkii ka fakara hadalladii Rasuulka Alle SCW iyo wararka laga soo tebiyay ee ku saabsan sida uu ugu dedaali jiray, ahmiyadna uu u siin jiray hanuuninta uunka, sida uu dadka ugu debecsanaan jiray, uuna ugu soo jiidan jiray noocyada kala duwan ee dhimrinta, jiljileeca iyo turriimo, si uu akhlaaqdooda u wanaajiyo, ciddii colaadi ka dhexayso uu u heshiisiiyo, iyo si guud in uu ugu hawlanaa faafinta wax diintooda iyo duunyadoodaba u roon—waxaa mahuraan ah in qofkaasi uu ogaanayo in turriimada uu Nebigu SCW ummaddiisa u hayo ay ka weyn tahay tan waalidku uu ilmihiisa u hayo.

Qofkii si wacan u eega falalkiisi yaabka lahaa, waxyaabaha cajiibka ah ee maqan (qaybka ah) ee uu Qur'aanka iyo xadiisyada inoogu sheegay, iyo waxyaabaha uu inoo sheegay ee dhacaya aakhiru samaanka, oo [qaarkood] u dhacay sidii uu sheegay, wuxuu ogaanayaa ogaal aan shaki ku jirin oo aan la hurayn in Nebigu SCW uu gaaray marxalad ka shishaysa caqliga, ayna u furantay il uu ku daalacdo qaybka (waxa maqan) oo dad dhif ah mooye e aanay cid kale gaari karin, iyo waxyaalo uusan caqligu ogaan karin.

Intaani waa manhajka lagu kasban karo ogaalka mahuraanka ah ee runnimada Nebiga CS. Haddaba, tijaabi, Qur'aanka ku dul fakar, xadiisyada akhri, adigaa si dhab u arki doona e.

Intaani ku filan baraarujinta xerta falsafadda, sheegiddeedana waxaa inoogu wacan baahida daran ee xilligaan loo qabo.

Sababta afaraad oo ah in iimaanku ku laciifay dhaqan xumada culimada, waa cudur saddex arrimood lagu dawayn karo:

Tan koowaad, waa in aan niraahno: caalimka aad leedahay wuxuu cunaa xaaraanta, in uu og yahay xaaraantu in ay mamnuuc tahay, waxay la mid tahay ogaalka aad u leedahay xaaraannimada khamrada, hilibka doofaarka, ribada, xaaraannimada xanta, beenta, iyo diradiraalaha, adiga oo intaaba ogna waad samaysaa, sababtuna ma aha in aadan rumaysnayn in waxaani ay dambi yihiin e, waxa kuugu wacan waa in doonista naftaadu ay kaa xoog badatay; haddaba, shahwadiisa iyo taadu waa isku mid, sida ay kaaga xoog badatay, ayay asagana uga tan badisay, in uu leeyahay aqoon taada ka badanna, munaasib uma aha in aan u jeedinno canaan gaar ah oo shay xaaraan ah oo cayiman la xiriirta.

Immisa qof baa jira oo cilmiga caafimaadka ku kalsoon, haddana haddii dhakhtarku khudaarta iyo biyaha qabow uu ka mamnuuco, aan ka joogsan karin! Taasina kama dhigna in waxaa looga digay ruuxa aanay dhih ku ahayn ama in kalsoonida uu caafimaadka ku qabo aanay jirin; tan waxaan ka soo qaadaynaa mid ka mid ah gefafka culimada.

Tan labaad, waa in aan qofka caammayga ah ku dhahno: waxaa wanaagsan in aad aaminto in caalimku uu cilmigiisa ka dhigtay kayd aakhiro, uuna malaynayo in uu cilmigiisaa ku badbaadayo, uuna falalkiisa u sahashado filasho uu ka qabo in fadliga cilmigu uu Alle agtiisa uga ergeeyo. Iyada oo ay macquul tahay in cilmigaa uu ku dhaqmi waayay uu ku noqdo markhaati ciqaab u siyaadiya, sidaa oo kalana waa maangal in uu u noqdo darajo u korodha, waana suuragal. Asagu haddii uusan aakhiro u shaqaysan, cilmiga ayaa dhowaansho u ah e, haddaba, adiga caammayga ah haddii aad asaga daawatid, cibaadadiina aad iska dayso, cilmina aadan lahayn, soo kuma halligmaysid camal xumadaada aan loo haynin wax kuu ergeeya!

Tan saddexaad oo xaqiiqada ah waxa weeyaan: caalimka dhabta ah, macsiyo ma sameeyo in uu gefo mooyaan e, haddii ay dhacdo in uu sameeyana, ma joogteeyo marna. Maxaa yeelay, cilmiga dhabta ah waa kan lagu ogaado in danbigu uu yahay sun lagu halaagsamo iyo in aakhiradu ay ka wanaagsan tahay adduunyada. Qof intaa garwaaqsaday, wax wanaagsan kuma iibiyo wax liita.

Ogaalka noocaan ah kuma yimaaddo laamaha aqoonta ee ay dadka badidii ku hawlan yihiin, sababtaa darteed, ayaysan aqoontoodu u kordhinayn wax aan ka ahayn in ay ku dhiirradaan caasinta Alle—sarreeye. Cilmiga dhabta ahi qofkii kasbada wuxuu u kordhiyaa baqdin, Alle ka cabsi iyo rejo, middaa ayaana uga gudbanaata macsida, marka laga reebo gefafka aadanaha oo dhan aanay ka cayman karin xilliyada qaar, taasina daliil uma aha tabardarrida iimaanka. Muuminku waa ruux fitno ku meegaaran tahay, toobad-keenkiisuna uu badan yahay, in uu macsida joogteeyo oo uu dul fariistana waa uu ka dheer yahay.

Intaasi waa xoogaagii aan jeclaystay in aan ka sheego dhaliisha falsafadda iyo Tacliimiyada, aafooyinkooda iyo aafada ay dhaliyeen kuwii doodahooda ka jawaabay ee aan tub [habboon] u marin.

Allaha awoodda badan ayaan weydiisanayaa in uu naga mid dhigo kuwii uu doortay ee uu xushay, ee uu ku aaddiyay xaqiisa iyo hanuunkiisa, ee uu ku ilhaamiyay xuskiisa, si aanay u hilmaamin, ee uu ka ilaaliyay sharka naftooda [ku uuman], si aanay Allahood wax kale uga dooran, ee uu naftiisa ku gooni yeelay, si aanay Asaga mooye e cid kale u caabudin.

وصلى الله على محمد خير البشر وعلى أمته خير الأمم.

www.ingramcontent.com/pod-product-compliance
Lightning Source LLC
Chambersburg PA
CBHW030039100526
44590CB00011B/270